Ilse Herrmann-Stäudle

Von Roßbolla und Gaslaterna

Ilse Herrmann-Stäudle

Von Roßbolla und Gaslaterna

Heitere Kindheitserinnerungen
einer alten Stuttgarterin

Mit Zeichnungen
von Eberhard Bescherer

Silberburg-Verlag

Meiner Schwägerin Sivi
und meinem Bruder Hans
gewidmet

1 2 3 4 5 02 01 00 99 98

Umschlagzeichnung: Uli Gleis

Druck: Freiburger Graphische Betriebe, Freiburg i. Br.
Printed in Germany.

ISBN 3-87407-272-X

Was in dem Büchle alles erzählt wird

Vorwort

Die Zeit, von der ich erzählen will, liegt schon sehr weit zurück. Aber die Erinnerung an die Jahre zwischen den beiden Weltkriegen ist heute, nach siebzig Jahren, bei mir noch so lebendig, daß ich sie vor allem für die Stuttgarter von damals festhalten will. Aber auch ihre Kinder und Enkel können hören, wie wir mit bescheidenen Mitteln das Glück bei jeder Gelegenheit am Schopf gepackt haben und dadurch in dieser schweren Zeit trotzdem eine frohe und erlebnisreiche Kindheit und Jugend hatten.

Ich muß mich an die Arbeit machen, denn es werden immer weniger, die die Zeit nach dem Ersten Weltkrieg erlebt haben, die Kinder waren, als von den Straßen die Gaslaternen verschwanden, die die erste Leuchtreklame bewunderten, das erste Radio bestaunten, die mit Herzklopfen die Autorennen auf dem Schattenring miterlebten und die von Stummfilmen wie »Das blaue Licht« in den Bann geschlagen wurden. Als Kinder standen auch sie auf den Dächern und warteten gespannt, bis in der Ferne der erste Zeppelin auftauchte und, begleitet von vieltausend Hurrarufen, langsam seine Bahn zog, bis er in der Ferne den Blicken entschwand.

Es sind Geschichten aus dem Alltag. Nichts von Bedeutung, aber alles ist wahr! Vielleicht war jene Zeit für andere Kinder schlimmer als für mich, aber ich kann eben nur in meinen eigenen Erinnerungen kramen.

Also so weit liegt die Zeit schon zurück, von der ich jetzt erzählen will. Nur ein bißchen von dem, was damals, vor siebzig Jahren, eben so ganz anders war als heute: bei uns Kindern, bei den Großen und im alten Stuttgart.

Über die alten Stuttgarter, von Roßbolla, vom Plumpsklo und von gemütlicher Kinderzeit

Das Jahr 1916 war noch kaum eine Woche alt, als ein Klapperstorch zufällig über Stuttgart flog. Das Päckle, das er im Schnabel trug, wurde ihm allmählich recht schwer, und weil er da drunten zufällig ein Stubenwägele entdeckte, das fix und fertig hergerichtet und in dem alles so nett und lieb hingedoggelt war, ließ er sein Bündel kurzerhand da hineinplumpsen. Von da an gab es mich!

Stuttgart hatte ein neues Mädele, und ich hatte auf Anhieb außer Mama und Papa noch zwei kleine Brüder. Über ein Häsle oder ein Hundle hätten sich die beiden, der Überlieferung nach, mehr gefreut. »Des isch kei Häsle! Häsle sind nett, und des da isch wüscht!« habe mein Brüderlein sein Mißfallen kundgetan. Aber ich war nun einmal da, man konnte mich unmöglich rückgängig machen, und es wurde, so oft die Buben auch nachsahen und das Deckbettle hochhoben, kein Häsle und kein Hundle mehr aus mir. Und so haben sich die beiden halt mit mir abgefunden. »Was soll mr au do, wenn eim nix anders übrigbleibt?«

Zwei Jahre später kam noch ein Brüderlein auf die Welt. Im Lauf der Jahre wurden wir ein unzertrennliches Quartett.

Stuttgart war damals noch keine so ganz richtige Großstadt. Schon eine, aber doch auch wieder keine. Natürlich gehörten schon Vororte dazu, und von den Hängen aus gesehen, wirkte Stuttgart groß. Aber innen drin, sozusagen im Herzen, ging es eher kleinstädtisch zu. Stuttgart war mehr so eine ganz große Kleinstadt. Und d' Leut da drin? Ha, daß d' Stuttgarter anständige Leut waret, das war für uns Kinder ganz selbstverständlich. Ha no, wieso au net? Bloß auf manche hat mr a bissele nunterguckt. Doch i sag net, wo die g'wohnt habet, damit sich niemand ärgert, falls von dene no jemand lebt.

Zumeist waren die Stuttgarter rechtschaffene, fleißige Menschen. Manchmal vielleicht etwas grob, aber im allgemeinen gutmütig und, wie alle Schwaben, arg sparsam. Aber a bissele was B'sondrs waret se doch. Sie sprachen nämlich ein gehobenes Schwäbisch. »Nein« hieß »nei« und nicht »noi« oder »noa«. Ja, es gab da feine Unterschiede. Dr Häberle und dr Pfleiderer, die beide habet 's richtig edle Stuttgarter »Hochdeutsch« g'schwätzt.

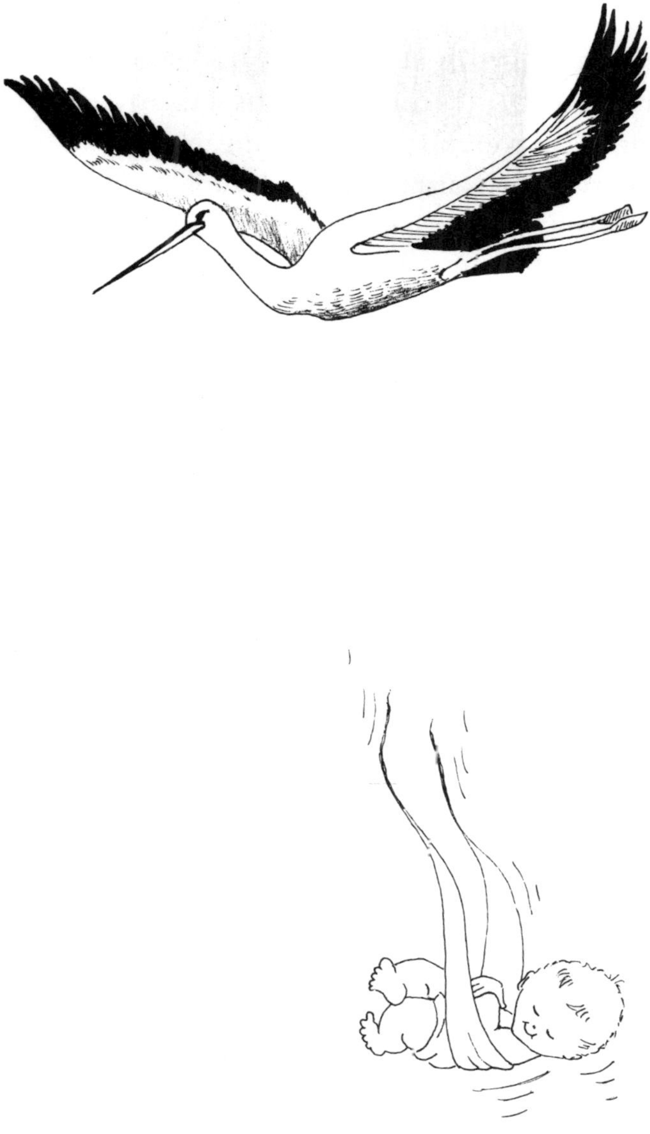

Wir wohnten in einem vierstöckigen Haus am Rande der Stadt, in einer ruhigen Gegend unterhalb der Markuskirche. Und doch war es von uns aus nicht weit bis zur Stadtmitte. Nur ein kurzer Spurt, dann war man in der Hauptstätter Straße. Von dort waren es nur ein paar Mausdäpperle bis zum Karlsgymnasium und zur Marienkirche in der Tübinger Straße, dann weiter über den Wilhelmsbau zur Königstraße. Die führt bekanntlich zum Hauptbahnhof – und dort war für uns Kinder auch schon das Ende der Stadt. Da kamen dann ab dem Standbild vom Grafen Eberhard im Bart die endlos langen Schloßgarten-Anlagen bis nach Cannstatt.

Andere Gegenden von Stuttgart kannten wir Kinder nicht – mit Ausnahme des winzigen Zoos auf der Doggenburg mit den fremden Tieren und den Zerrspiegeln.

Etwas ganz Wichtiges, das nicht direkt zur Stadt, sondern zu ihrer Umgebung gehörte – das heißt, man mußte schon einen Ausflug dahin machen –, waren die Wildparkseen. Von Heslach aus führte ein Weg zu den Wasserfällen, dann konnte man durch die berühmte Dole, immer tripp trapp, tripp trapp, im Grätschschritt hochsteigen und kam dann über die Schattenlandstraße zu den Wildparkseen, wo man am Bärensee auf dem eisernen Bären reiten durfte.

Übrigens war ich mit meinen Brüdern auch bei der Eröffnung der späteren Solitude-Rennen dabei, als im Juni 1926 Rudolf Caracciola mit einem 24/100/140 PS Mercedes als Zweiter durchs Ziel fuhr. Bei seinem Erscheinen auf der Schattenlandstraße wurden er und sein tolles Rennauto jedesmal von den begeisterten Stuttgarter Anhängern umjubelt. Links und rechts der Rennstrecke standen oder saßen die Zuschauer, warteten, vesperten und schwätzten, und wenn man annehmen konnte, daß im Augenblick kein Rennauto zu erwarten war, lief – trotz Verbot – ab und zu auch einer dapferle, dapferle über die Straße, um die Verwandtschaft auf der anderen Seite zu begrüßen. Die Autorennen waren damals »gemütlicher« als heute. Bei den Motorradrennen war das Schönste, daß sich der Beifahrer in der Kurve immer so weit über seinen Sitz hinaushängen ließ, daß es ihm fast den Hosenboden weggerissen hätte.

Aber die Wildparkseen und ihre Umgebung gehörten ja nicht zu unserem eigentlichen Revier. Wenn wir mit der Radelrutsch unterwegs waren, fuhren wir natürlich zuerst den Berg hinunter, also über die Römerstraße zur Hauptstätter Straße. Da zogen damals noch kräftige, schwere Gäule die Bierwagen der Brauereien Dinkelacker, Hofbräu oder Robert Leicht gemächlich stadteinwärts. Und die Gäule waren schuld daran, daß meine Mutter manchmal gejammert hat: »Jetzt isch scho wieder eins von euch in d' Roßbolle neidappt!« Ha, die Pferd habet halt g'äpfelt, und wenn eines von uns mit der Radelrutsch dem Bierwagen nachgerast war, um sich anzuhängen und so umsonst zu fahren, da ist es halt manchmal passiert, daß man in den Bollen ein bissele ausgerutscht ist. Übrigens konnte man in die Roßbollen nicht nur »neidappe«, die konnte man auch »hälinge aufklaube«. Und wer irgendwo ein kleines Gärtle gehabt hat, auch wenn 's noch so doggelig war, der hat, wenn 's dunkel war, mit einem Schäufele den »g'sunde Dung« eingesammelt und daheim liebevoll im Preschtlingsbeetle verteilt. Mmm, des gibt gute Beerle! hat der na wahrscheinlich dacht.

Wenn der Kutscher merkte, daß ein Kind an seinem Wagen hing, dann drohte er mit seiner Peitsche, und dann hagelte es schwäbische Schimpfwörter. »Rotzglock'« und »Saubua, liedriger« waren da noch ganz harmlose Ausdrücke. So »wüschde Wörter« durften wir Buben und Mädchen, die wir zum sogenannten Mittelstand gehörten, bei Strafe nicht in den Mund nehmen. Da hätt mr glei eins draufkriegt.

Uns vier Kinder schickte man nicht ins »Schüle«, wir waren doch so schon fast ein Kindergarten. Zu viert und immer nur ein Jahr auseinander, da hatte ja jedes automatisch drei Kameraden. Wir haben miteinander gespielt, miteinander gestritten, haben uns gemeinsam gefürchtet, haben im Wald Mooshäusle gebaut, in Bächen gebuddelt, schwimmen gelernt und haben gemeinsam unser totes Kanarienvögele und das zahme weiße Mäusle begraben und dabei ein Weihnachtslied gesungen. Wenn es ab und zu nötig war, haben wir auch vereint mit dem Meerröhrle Schläge bekommen. Kurz und gut, ich kann mir keines der vielen Erlebnisse denken, bei denen wir vier nicht alle beieinander gewesen wären. Und langweilig war es uns nie.

Von den Fenstern unseres Wohnzimmers im dritten Stock des Hauses Strohbergstraße Nummer 1 konnte man nach drei Seiten schauen: vorne zur Heusteigstraße mit der Straßenbahn, dem Dreier, links zur Strohbergstraße und rechts zur Römerstraße mit dem angrenzenden alten Fangelsbachfriedhof. Außerdem hatten wir eine schöne Aussicht auf die Karlshöhe und auf viele Dächer der Stadt. Weil dieses Haus im Krieg verschont blieb, ist heute alles noch so wie einst. Unten ist immer noch ein Bäcker, nur sind unsere einstigen Zimmer inzwischen Büroräume, und unser gemütliches Plumpsklo wird wohl nicht mehr plumpsen.

Vor etwa siebzig Jahren spielte sich das gemeinsame Leben im Wohnzimmer ab, denn damals brauchte nicht jeder sein eigenes Zimmer. Man konnte sich eben noch auf seine Arbeit konzentrieren. Mein Vater, der Lehrer war, saß oft am Schreibtisch und korrigierte Aufsätze oder Latein- und Griechischarbeiten, während wir zu viert im selben Zimmer spielten, wobei es sicher nicht immer sehr leise zuging. Vielleicht spielten wir Schnipp-Schnapp, oder wir ließen unser zahmes weißes Mäusle mit viel Geschrei – »Paß auf, paß auf, 's fällt nunter!« – auf unserem großen Tisch herumrennen. Als wir noch klein waren, spielten wir mit Bauklötzle oder machten unter dem Tisch Wohnungen.

Im Winter, vor allem in der Weihnachtszeit, saßen wir abends oft alle auf dem Sofa, und Vater erzählte selbsterfundene spannende Geschichten. Das Zimmer war dunkel. Durch das Marienglas im Ofentürle sah man die rote Glut, und an den Wänden und über die Decke bewegten sich Schatten, wenn manchmal auf der Straße ein Auto vorbeifuhr. Wir rückten ganz fest zusammen, weil es so schön gruselig war. Sonst saß abends alles um den Tisch unter der Lampe, und wenn man krank war, konnte man durch das Gitterbettle, das ins Wohnzimmer geschoben worden war, zugucken, wie sie da alle so gemütlich beieinander saßen, wo gelesen, geflickt, gespielt oder geschrieben wurde, wobei die Feder ganz leise auf dem Papier kratzte.

Wenn es im Winter sehr kalt war, durften wir unsere kleinen emaillierten Waschschüsseln, die »Lavorle«, ins warme Wohnzimmer holen und uns dort am Eßtisch waschen.

»Dürfet mir no zammeliege und a Zeitlang schwätze?« fragten wir fast immer zum Schluß. Und dann kuschelten wir uns zu viert in zwei Betten zusammen und machten es uns unheimlich gemütlich. Bald wurden die Betten in unserer Vorstellung zu Autos, die von Räubern und Gespenstern verfolgt wurden, und es wurde aufregend und herrlich gruselig. Nur war es schlimm, wenn man nachher über den Flur in das eigene Bett mußte, wo doch auf dem kurzen Weg dorthin Geister, Gespenster und Räuber in den dunklen Ecken lauerten und nach einem grapschen wollten.

Ein zusätzliches Mitglied unserer Familie war das Dienstmädchen. Lange Zeit war es die lustige, immer vergnügte Trudel. Sie war nicht viel älter als wir, als sie damals mit etwa vierzehn Jahren zu uns kam. Sie hat nicht nur zusammen mit meiner Mutter den Haushalt in Schwung gehalten, sie war auch immer unsere Verbündete, wenn wir irgendeinen Streich ausheckten.

Ein Dienstmädchen zu haben war damals kein Luxus. Sie kamen eigentlich immer vom Land, und sie waren gern in der Stadt, weil sie da etwas verdienen konnten und außerdem eine leichtere und weniger schmutzige Arbeit hatten als daheim im Stall und auf dem Feld. Sie hatten bei uns, wie es üblich war, auf der Bühne eine Mansarde mit Bett, Stuhl und einem kleinen Schrank. Kaltes Wasser zum Waschen mußte am Hahnen im Gang geholt werden. Warmes Waschwasser gab es nicht.

Die Dienstmädchen gehörten bei uns ganz zur Familie, und vor allem unsere Trudel war immer dabei, wenn es bei uns Kindern etwas zu lachen gab. Sie hat am meisten gekichert, wenn wir bei Dunkelheit von unserer kleinen Küchenveranda im dritten Stock aus große, feste Gucken, die wir mit Wasser gefüllt hatten, auf ein kleines Dach im Hof hinunterplotzen ließen, daß sie unten allmächtig bumsten und in viele Fetzen zerfatzten. »Kommet, nomal eine!« feuerte sie uns immer wieder an. Sie machte auch mit Wonne mit, wenn wir den alten Dackel eines Nachbarn mit »Schön brav! Guck da!« zu uns lockten, um ihm alte Knochen zu geben, die er dann auf dem Schuhabputzer der gegenüberliegenden Wohnung zernagte. Später lachten wir uns ins Fäustchen, wenn wir das Geschimpfe wegen der Sauerei hörten. Im allgemeinen aber waren wir brave Kinder. Ich glaube sogar, wir waren ziemlich schüchtern.

's Geld isch nix mehr wert, und 's Eßsach wird knapp

Von den politischen Unruhen nach dem Ersten Weltkrieg habe ich nicht viel verstanden. Ich weiß nur noch, daß mir meine Eltern eingeschärft hatten, daß ich mich unbedingt von Menschenansammlungen fernhalten solle.

Es muß wohl am Anfang der Grundschulzeit gewesen sein, als ich auf dem Heimweg um mein Leben rannte, weil sich auf der Straße ein Menschenauflauf gebildet hatte. Immer noch mehr Passanten blieben stehen, aber ich lief davon, so schnell ich konnte, denn im Geist sah ich mich schon in eine große Schlägerei verwickelt und »verdabbt« auf dem Boden liegen.

Ich hatte ein Geheimfach, in dem ich meine kleinen Schätze hütete. Darin befand sich unter anderem auch ein herziges Geldbeutele. Nachdem ich groß genug war, um manchmal allein einkaufen zu dürfen, holte ich dieses wertvolle Reisepräsent hervor, um es von jetzt an zu benützen. Während ich unterwegs in Gedanken meine Aufträge – ein Pfund Zucker, ein halbes Pfund Margarine – pausenlos wiederholte, um dann, als es galt, doch stumm dazustehen, hielt ich diesen kleinen Geldbeutel immer ganz fest in der Hand.

Aber auf einmal war mein Beutele für die vielen großen Geldscheine zu klein.

»Mama«, jammerte ich, »i bring des viele Geld net nei! Des Sach kann doch höchstens a paar Mark koste!«

»Weisch, 's isch Inflation«, erklärte mir meine Mutter. »Da wird 's Geld von Tag zu Tag weniger wert.«

»Sowas Blöd's«, dachte ich. »Wer macht au sowas Blöd's!«

Allerdings war es auch toll, immer wieder neue und noch größere Geldscheine bewundern zu können. Immer mehr Nullen und immer neue Bilder waren darauf zu sehen. Bis hundert konnte ich zählen, aber unter hunderttausend oder einer Million konnte ich mir nichts mehr vorstellen.

Kurz darauf hörte ich, wie meine Mutter abends zu meinem Bruder sagte: »Hans, spring schnell zum Metzger und hol hundert Gramm Schinkewurscht!«

»Ach, Mama, kann i net morge gehe?« bruddelte er.

»Nei, morge kriegsch für des Geld höchstens no a einzigs Wurschträdle. Lauf schnell!«

Kurz darauf kam mein Bruder halb heulend wieder heim und jammerte: »Mama, 's Geld langt jetzt scho nimmer. Du musch mr no mehr gebe! Na renn i schnell nomal.«

Geldscheine gab es mehr und mehr, aber die Lebensmittel wurden immer knapper. Wenn am frühen Morgen die Milchfrau mit ihrem kleinen Leiterwagen voll großer Milchkannen kam und mit ihrer Glocke schellte, wußte meine Mutter allmählich nicht mehr, wieviel Geld sie mir mitgeben mußte und wieviel Milch wir an diesem Tag bekommen konnten. Ich guckte immer so gern zu, wenn die Frau ihr Litermaß tief in ihre große Milchkanne tunkte und danach den tropfenden Becher in meine Kanne schüttete. Bis unsere Kanne voll war, mußte sie immer dreimal eintauchen. Das Maß für einen halben Liter brauchte sie für uns nie. Aber jetzt?

»Mädle«, sagte sie eines Tages, »heut kann i euch net soviel gebe wie sonscht. D' Milch isch knapp. Sagsch dr Muddr, 's wäret bloß anderthalb Liter. Aber halt, wart amal! Dei Geld langt trotzdem net. Spring und hol no zehn Mark! Oh, was soll au da draus werde? I verschdand's nemme! Eijeijeijeijei!«

Unser Opa geht hamstern

Es war eine schlimme Zeit. Milch, Mehl, Butter, Eier, Fleisch und sogar Obst und Gemüse wurden immer knapper. »Herrschaft nomal, was soll mr au do? Wo könnt mr was herkriege?« überlegte jeder. – Natürlich vom Land, von den Bauern, die noch alles hatten. Woher denn sonst?

Aber wie sollte man an die Schätze kommen? Sollte man, wie so viele, zum Hamstern aufs Land fahren und sein Glück versuchen? Es war zwar verboten, und an den Bahnhöfen wurde streng kontrolliert. Aber in der Not frißt der Teufel Fliegen!

Und obwohl mein Vater als Lehrer ein treuer Staatsdiener war und mein Großvater als Gerichtsnotar, immer das Gesetz im Nacken, untadelig durchs Leben wandelte, gingen die Gedanken schließlich auch in unserer Familie krumme Wege. Die Frage: Warum hat eigentlich dr liebe Gott unsrem Opa soviele Brüder g'schenkt, die sogar no Baure sind? lag einfach zu nahe. Und außerdem, so dachten wir, müßten wir ja nicht wie andere Leute an fremde Türen klopfen. Kurz und gut, nach langem Hin und Her wurde beschlossen, eine Hamsterfahrt zu wagen. Helf, was helfen mag! Und überhaupt: Wenn mr 's in dr Not macht, na drückt sogar dr Herrgott a Äugle zu! So steht's zwar net in dr Bibel, aber 's stimmt trotzdem!

Wer von uns war wohl am besten geeignet, unangefochten dem Auge des Gesetzes zu entgehen? Meine Eltern und die Oma waren sich schnell einig: Niemand, und wäre er noch so mißtrauisch, könnte unseren Großvater verdächtigen. Einem Menschen wie ihm, mit weißen Haaren, einem weißen Bart und so gütigen Augen, konnte nicht einmal ein Polizist etwas Unrechtes zutrauen.

Unser Opa, der als Notar die Rechtschaffenheit in Person war, opferte sich schweren Herzens für die Familie. Seine Redlichkeit und Gesetzestreue unterlagen der Not, und er fuhr zu seinen Brüdern, bei denen noch Milch und Honig flossen. Dort wurden sein Koffer und seine Taschen dann auch mit all den Herrlichkeiten gefüllt, von denen man in der Stadt nur noch träumen konnte.

Noch heute ist mir das Bild vor Augen, wie er wieder heimkam – als ein geschlagener Mann.

Er war in eine Kontrolle geraten und im Vorbeigehen von einem Schutzmann nur kurz und scharf angesehen worden. Da hatte mein herzensguter Opa sofort und unaufgefordert Koffer und

Taschen vor den Füßen des Kontrolleurs ausgeleert. Mit waidwundem Blick sagte er daheim zu seiner Verteidigung nur: »Der hat mi halt so arg aguckt!«

Den Rest kann man sich denken. Er kam von dieser ersten und letzten Hamsterfahrt mit leeren Händen heim. Ja, wir hatten einen guten Opa – aber nichts zu essen.

Bald geht 's aufs Land!

Weil die Hamsterfahrt so ganz und gar danebengegangen war, fehlte es bei uns nach wie vor an Lebensmitteln. In der Not griff man zu Ersatzmitteln, zum Beispiel zu Milch aus Wasser und Milchpulver.

Oft sollten wir Kinder dazu überredet werden, etwas zu essen, was wir nicht mochten, indem es hieß: »Grad des isch aber so g'sund!« Einmal fand mein kleiner Bruder beim Essen in seinem Salat eine Blattlaus. Treuherzig sagte er nur: »Gell, Mama, Läus isch g'sund?!«

Das Scheußlichste war der Lebertran. Jedes Kind mußte einmal am Tag einen Löffel voll schlucken. Gegen diesen gräßlichen Geschmack kämpfte auch das nachgelieferte Pfefferminzle vergeblich. »Pfui Teufel, pfui Teufel!« durften wir nicht sagen – wir haben es mit dem Tran hinuntergewürgt.

Jedoch, die Sommerferien rückten immer näher und damit ein in Aussicht gestellter Besuch beim Onkel. Das Wort »Kirschenhardthof« erweckte bei uns allmählich die Vorstellung eines Schlaraffenlandes. Daß der Onkel auch Kühe, Pferde, Schweine, Hühner und sogar einen Hund habe, war für uns Kinder aber ungleich wichtiger als gesundes Essen.

Das große Abenteuer Kirschenhardthof begann damit, daß zwei Gitterbettle abgeschlagen, mit Rupfen verpackt und mit dem Zug vorausgeschickt wurden. Wir Kinder hatten natürlich schon seit langem unsere Vorbereitungen getroffen. Auf jedem Spaziergang hatten wir Holzstückchen, Steckele und wertvolle Steinchen gesammelt, und jedes hatte damit seine sogenannte Werkzeugschachtel gefüllt. Wir wußten ja nicht, ob wir in den Ferien das passende Werkzeug vorfinden würden, um Mooshäusle zu bauen und kleine Gärten anzulegen. Unsere Habseligkeiten bekamen treffende Namen wie Locher, Schaber, Drücker, Klopfer, Stecher und Wurzler.

Endlich war es dann soweit. Es ging los! Die Schachteln waren verschnürt, und jedes war noch einmal auf dem Klo gewesen. Wie andächtig hat man da zum letzten Mal ein Zeitungspapierle zum Putzen vom Halter aus Draht abgerissen, und wie hat man sich zum letzten Mal Mühe gegeben, das Papierle mit dem Schwenkwasser aus der großen Kanne zu überlisten, bis es endlich hinuntergespült wurde.

Übrigens waren wir ganz früher oft zu viert auf dem Klo gewesen. Der Älteste auf dem Sitz und die drei anderen auf den Häfele drumherum.

Das war immer so gemütlich gewesen, weil der auf dem Sitz so lange erzählte – so lange, daß man beim Aufstehen am Häfele angepappt war. Aber das war leider vorbei.

Schade! Ewig schade!

Wie es damals beim Zugfahren war

Jetzt kam – zum erstenmal in unserem Leben – eine Fahrt mit dem Zug. Es war ein prickelndes Gefühl, einmal nicht nur als Zuschauer auf dem Hauptbahnhof zu sein. Zuerst mußten wir durch die offene Sperre und dem strengen Kontrolleur in seinem kleinen Bahnsteighäusle die Fahrkarten zeigen, die er dann lochte. Die Karten hatten wir eine Treppe tiefer am Schalter gelöst. Eine Fahrkarte war ein etwa daumengroßes Stück Pappkarton. Das Fahrtziel wurde von Hand eingestellt, und dann war in einer Sekunde die Fahrkarte fertig. Nicht so wie heute, wo ein Computer alle nötigen oder unnötigen Daten durchrattert, ehe er den Schein endlich ausspuckt, und wo man fast »verbobbert«, wenn es pressiert. Es gab damals auch um fünf Pfennig Bahnsteigkarten. Ohne irgendeine Karte kam niemand auf den Bahnsteig. Da hat man damals schwer aufgepaßt, daß keiner besch ... hat.

Wir kamen uns vor wie Weltreisende, als wir auf dem Bahnsteig standen und staunend und ein bissele ängstlich bei der kohlschwarzen Lokomo-

tive stehenblieben, die zischend und hämmernd vor dem Prellbock hielt. Meine Brüder bestaunten die Schlußlichter, die riesengroßen roten Räder und die starken Pleuelstangen, aber ich erinnere mich vor allem daran, daß der Lokführer so nett zu seinem Fenster herausgeguckt und mich angelacht hat. »Gell, so a kleins Mädele mit zwei Zöpfle und so a große Lokomotiv!«

Wir mußten in der vierten Klasse einsteigen, weil die am billigsten war, und ich hatte richtig Herzklopfen, als ich zum erstenmal das schmale Treppele hochstolperte. Im Wagen roch es ein bißchen nach Staub und altem Holz. Die Bänke sahen genauso aus wie die im Wald: ein Brett zum Sitzen und eines als Rückenlehne. Doch als wir uns setzen wollten, tauchte gleich das alte Problem auf: vier Kinder, aber nur zwei Fensterplätze! »Aber da wird jetzt fei net g'schtritte! Ihr wechslet halt ab!« Den Satz hörten wir ja nicht zum erstenmal.

Weil noch etwas Zeit war bis zur Abfahrt, durften wir mit Papa noch einen Erkundungsgang durch den Zug machen. Gleich der nächste Wagen war einer der dritten Klasse. Da sahen die Bänke aus wie die in den Bopser-Anlagen oder in dem Park beim Schloßplatz. Sie hatten die gleiche runde Ausbuchtung an der Stelle, wo beim Sitzen der Popo hingehört. Aber im übrigen war der

Wagen nicht viel besser als unserer. Ich dachte: Also, für den hätt i bestimmt net mehr Geld zahlt. Des dät sich net lohne! Aber in der zweiten Klasse, da blieb uns doch fast die Spucke weg. Der Wagen war beinahe leer, weil es da ja viel teurer war. »Mensch, guck bloß amal da hi«, flüsterte mir mein Bruder leise ins Ohr. Alle Bänke waren mit grünem Samt gepolstert. »Komm, bloß amal g'schwind hisitze, solang kei Schaffner da isch!« Und dann kam die erste Klasse. So a Pracht! Rote Samtbänk! Und alles leer! Aber wir haben nur ganz kurz hineingespickt, und dann nichts wie weg! Ich habe im Geist schon die Hand eines Schaffners im Genick gespürt. Damals gab es für ein Kind halt noch Respektspersonen, und man hat nicht überall keck seine Nase hineingesteckt oder alles gleich angefaßt.

Kaum waren wir wieder an unserem Platz, da stand auch schon der Mann mit der roten Mütze auf dem Bahnsteig. Ein Pfiff, Täfele hoch, und los ging's. Der Bahnhof blieb zurück, und wir fuhren vorbei an Häusern, Bäumen und Bahnschranken mit wartenden Autos oder Pferdewagen. Wir durften sogar das Fenster aufmachen und hinausgucken. »Aber gell, immer nach hinte gucke, sonscht kriegt mr Ruß in d' Auge!« Ja, damals gab es nur Dampflokomotiven, und die haben halt gerußt. Wieviele Kinderäugle haben doch einst wegen Rußkörnchen getränt! An jedem Bahnhof hielt der Zug, und es war spannend, wenn man zusehen konnte, wer alles aus- und einstieg. Ich konnte einfach nicht verstehen, daß alle Erwachsenen sitzenblieben, wo es doch draußen so viel zu sehen gab.

Ein Sommer auf dem Hof vom Onkel und unser kleines Märchenland im Wald

In Burgstall wartete schon der Sohn vom alten Onkel auf uns. War der braungebrannt! Fascht wie a Neger. Weil ich ihn so anguckte, lachte er, zog mich an den Zöpfen, hob mich hoch und setzte mich auf den Kutschbock. Ich war selig! Hoch auf dem gelben Wa-ha-gen ... Vor mir das Pferd: nickender Kopf, schwenkendes, breites Hinterteil, schwingender Schwanz und klappernde Hufe.

Und gleich konnte ich zum erstenmal sehen, sozusagen hautnah, wie ein Pferd äpfelt. Das war besonders toll.

Die Straße lief bei dem gemütlichen Zuckeltrab langsam unter uns weg, links und rechts waren Wiesen, Felder, Obstbäume oder Wald. Ab und zu ein anfeuerndes »Hü!« und ein Peitschenknall in die Luft, worauf der brave Gaul für kurze Zeit einen etwas schnelleren Gang einlegte oder aus Lust am Laufen sogar in einen leichten Trab verfiel.

»Brrrr!« Das Kütschle hielt, und wir waren am Ziel. Sogleich wurden wir vom Hofhund, der Tella, stürmisch begrüßt und fast umgeworfen.

Jetzt waren wir also auf dem Kirschenhardthof, den wir uns in der Phantasie so oft ausgemalt hatten: ein Bauernhaus, klein, alt, wie im Bilderbuch, ein buntes Gärtle davor, ein frischer Duft nach Wiesen und Heu und ein Spielkamerad – der Schäferhund, der uns mit tapsigen Sprüngen umrundete. Wenn mr amal in de Himmel kommt, na kann 's net schöner sei! So etwa dachte ich damals.

Mit diesem ersten Tag begann für uns Kinder – das älteste war acht, das jüngste vier Jahre alt – eine herrliche Zeit. Zuerst mußten wir natürlich alles erforschen: den Stall mit den Kühen, dem Pferd und den Schweinen, den Hühnerstall mit den Sitzstangen und der kleinen Hühnerleiter, die Scheuer, in der ein Leiterwagen und das Bernerwägele ihren Platz hatten, den kleinen Blumengarten vor dem Haus mit den vielen uns unbekannten Blumen.

Gleich am nächsten Morgen gingen wir in den Wald. War's da schön kühl nach der sonnigen Landstraße, auf der die Tella immer mit langen Sätzen vorausgesprungen und wir mit kurzen Beinchen nachgetrottet waren. Ein kleiner Weg führte zuerst durch Hochwald. Aber dann ging es bergab, zwischen Brombeerbüschen und niederen Tannen bis zu einem Platz am Waldrand, der für uns wie geschaffen war.

»Mama, an dene zwei Bäum könntet mr d' Hängematt aufhänge! Und gucket amal, da lieget abg'nagte Tannezapfe im Moos und sogar Eichele! Gell, da gehet mr jetzt jeden Tag her!« Wir hatten unser Plätzle gefunden.

Mutter war im Wald immer bei uns, aber Vater nur, wenn er bei der Ernte abkömmlich war. Mit seiner tatkräftigen Hilfe wollte er sich für die uns erwiesene Gastfreundschaft erkenntlich zeigen. Obgleich er Lehrer war, dem man aus diesem Grund nicht viel bei der Feldarbeit zutraute, konnte er ausgezeichnet mit der Sense mähen, und beim Hochgabeln der Garben auf den Erntewagen hat ihn keiner übertroffen. Für den Wald hatten wir immer unsere Werkzeugschachteln und die Hängematte dabei. Ich weiß nicht, warum ich als Mädele das Privileg hatte, öfter als meine Brüder hineinzuliegen. Sie haben mir das auch zeitlebens ein bissele übelgenommen. Immer wieder mußte ich später hören: »Du hasch dafür früher au öfter in d' Hängematt dürfe!«

Den Waldboden verwandelten wir bald in ein Zwergenland mit einem Mooshäusle und einem kleinen Garten mit Wegen und Seen aus Silberpapier. Vor dem Häuschen errichteten wir eine kleine Bank, damit sich die Zwerge nach der Arbeit noch ein bißchen in der Abendsonne ausruhen konnten. Einen Brunnen mit Trog gab es auch und zwei Wäschestangen mit einem Seil aus Binsen. Damit sich die Zwerge oder Käferlein, oder wer auch immer in dem Häuschen Zuflucht suchen wollte, in ein schnuckeliges Bettchen legen konnten, hatten wir ein weiches Lägerle aus Moos gemacht.

Um all das zu bauen, konnten wir unserer Phantasie freien Lauf lassen, und wir waren voll damit beschäftigt, Moos, Steine, Blümchen und winzige Bäumle zu suchen. Der kleine Garten mußte bepflanzt werden, ein Steckeleszaun kam drumherum, ein Gartentürle wurde gebastelt, und ein kleiner Weg aus Kieselsteinchen führte in Bögen in den Wald hinein. Am nahen Feldrain hatten wir Löcher in die Erde gegraben. Da hinein schoben wir aus Lehm geformte Tellerchen zum Brennen, während die kleinen grünen Hütchen der Eichele als Täßchen für die Zwerge dienten.

Wir hatten mit all dem genügend Unterhaltung, solange die Ferien dauerten. Als wir dann ein Jahr später wiederkamen, war das Glücksgefühl beim Vorfinden der Reste von unserem Mooshäusle etwa so groß, wie wenn heutzutage eine alte Stätte der Inkas ausgegraben wird oder wenn in unserer Gegend Reste der alten Germanen gefunden werden.

Wenn wir nicht im Wald waren, vergnügten wir uns »zu Hause« auf unsere Art. Wir stiegen in der Scheune auf das Bernerwägele und machten in der Phantasie Reisen in ferne Länder mit aufregenden Abenteuern, oder wir retteten einmal vor einem Gewitter schnell den herrlichen, weichen Staub der Straße mit Schäufele und kleinen Brettle vor den ersten Regentropfen in die Scheuer, damit er nicht naß wurde. »Kommet, machet schnell! No a paar Brettle voll! 's donnert scho so arg! Glei geht 's los!« So ähnlich haben wir einander dabei angetrieben.

Ein anderes Mal kamen wir auf den glorreichen Gedanken, die Hennen ein bißchen umherzujagen, damit sie ein paar Federn verlieren sollten. An diesem Spiel hatte die Tella, die ja überall dabei war, besonderen Spaß. Wie die umeinanderschoß und die flatternden und gackernden Hennen scheuchte! Mit den aufgelesenen Federchen errichteten wir dann einen »Daunenfriedhof«, indem wir die Kiele in die vielen Ritzen und Löcher der Scheunentür steckten. Komisch, die Tante hat kein bißchen darüber gelacht. Die hat eher ein bissele bös geguckt, und was sie so vor sich hingemurmelt hat, war sicher nicht gerade was Lustiges.

Mit dem Hund unternahmen wir auch Spaziergänge durch die Wiesen und vorbei an Feldern, wo das Korn so hoch war wie wir selber, und in denen es damals noch Kornblumen und Klatschmohn gab. Wir wußten, wo wir die besten Birnen, die »Geißhirtle«, und gute Äpfel auflesen konnten, und an dem kleinen Bach jagten uns die gefürchteten tiefen Stellen, die Gumpen, kalte Schauer über den Rücken. Unser Vater hatte uns vor diesen Gumpen gewarnt und gesagt, man könne ertrinken, wenn man nicht schwimmen könne und plötzlich an einer solchen Stelle den Boden unter den Füßen verliere. Und wir konnten noch nicht schwimmen! Gräßlich, so ein Gumpen!

Als die Wiesen gemäht waren und die ersten Herbstzeitlosen blühten, als das Getreide auf dem Boden der Scheune von ein paar Bauern im Takt mit Dreschflegeln gedroschen und in Säcke gefüllt war, als die Sensen abends nicht mehr gedengelt wurden und mit all dem auch das Ende der Ferien gekommen war, fuhren wir zum letztenmal auf dem Heuwagen und besuchten all die heimeligen Plätzchen im Wald, am Bach und auf dem Hof noch einmal. Dann kam der traurige Abschied von unserer Tella, die uns mit Winseln und Heulen zu verstehen geben wollte, wir sollten nicht fortgehen. Die Tante konnte sie kaum festhalten, als der Onkel mit der Peitsche knallte und wir mit dem Bernerwägele wegfuhren. Ich hatte einen Kloß im Hals, als ich hörte, wie der Hund laut hinausheulte, und mußte die Tränen abwischen.

Aber Kinder vergessen einen Kummer schnell, denn schon das Heimkommen war wieder ein Erlebnis für uns: die Großeltern, das alte bekannte Treppenhaus, die vertrauten Zimmer, das Klo, das Kanarienvögele, die weiße Maus und unsere Spielsachen – alles war wieder da!

Drei G'schichtle

Ehe ich mehr und mehr von der Kindheit zu den Jahren meiner Jugend komme, will ich noch drei lustige Anekdoten erzählen.

's erschte G'schichtle: Kam doch da einmal mein Brüderle – er war noch ein kleiner Hosenmatz – ganz allein daherspaziert. In jeder Hand hielt er ein Fähnele. Die hatte er wohl geschenkt bekommen, weil er ein gar so herziges Bürschle war. Aber das konnte kaum der Grund sein, warum sich alle Leute nach ihm umdrehten und lachten. Du glaubsch 's net! Im Hosentürle von dem kleinen Kerles steckte ein Sträußle und hüpfte bei jedem Hopserle fröhlich mit! Sicher hatte er es für die Mama gepflückt, und weil er jetzt seine Händchen für die beiden Fähnele brauchte, hat er es einfach da unten zwischen die Knopflöcher hineingesteckt. Heute wäre da ein Reißverschluß. Für a Sträußle wär da kei Platz mehr!

's zweite G'schichtle: Da hat nachts einmal das gleiche Büble so nötig aufs Häfele müssen. Es hat's unterm Bettle gesucht und nicht gefunden. Und weil das Bürschle noch nicht so ganz wach war,

da hat es halt sein Hausschühle gefüllt und ist dann wieder zufrieden ins Bettle gekrebselt.

's dritte G'schichtle: Da waren wir – mein Brüderle und ich – einmal auf dem Land zu Besuch. Obgleich wir noch ziemlich klein waren, sollten wir ganz allein im ersten Stock schlafen, direkt über dem Schlafzimmer von Onkel und Tante. »Aber wenn ihr in dr Nacht aufs Klo müsset, na müsset ihr fei a Trepp nunter. Habet ihr na kei Angscht?« hatte die Tante besorgt gefragt. »Mir glaubet doch net an G'schbenschdr! Mir habet doch kei Angscht!« verkündeten wir stolz, während draußen die Sonne schien. Aber als es dann dunkel war und wir uns bis spät in die Nacht die grausligsten Geschichten erzählt hatten, schlüpften wir fest unter das Deckbett, damit wir vor Geistern und Gespenstern sicher waren. Und da passierte es: Ausgerechnet jetzt mußte mein Bruder aufs Klo! »Gehsch mit mir d' Trepp nunter? I hab so Angscht!« jammerte er leise. »Oh, Gerhardle, nei, i trau mi net!« Aber die Sache wurde immer dringender. »Komm, schnell, heb mi«, flüsterte er in größter Not, »na klettr i halt auf de Fenschtersims!« Gesagt, getan. Und während sein Bächle über das Spalierobst nach unten plätscherte, hörten wir, wie die Tante zum Onkel sagte: »Vaddr, morge könnet mr net zum Heua. 's regnet!«

Es schneit!
Vom Schlittenfahren auf der Straße, im Kandel und auf der Waldau

Ich bin der Meinung, in meiner Kindheit hat es jedes Jahr schon vor Weihnachten geschneit. »Hallo, kommet schnell, 's schneit!« rief dann eins von uns. Wir rannten ans Fenster und schauten hinaus in den grauen Himmel. Da wirbelten wirklich die ersten großen Schneeflocken herab.

Bald konnte man kein Pflaster mehr erkennen, und die Gleise der Straßenbahn waren verschwunden. »Passet auf, da kommt jemand. Der macht glei Dabber!« Die Flocken verwischten aber bald wieder diese Spur und breiteten eine makellose weiße Schneedecke über die Straße und das Trottoir.

Plötzlich war aus der Ferne ein leises Klingeln zu hören. »Horchet, d' Straßebahn kommt!« Jetzt wurde es spannend. Gleich kam ein herrlicher Augenblick, denn die Straßenbahn fuhr gemächlich und lautlos in einen weißen Teppich hinein, in dem es keine Gleise gab. »Ob die da de Weg findet?«

Wir hielten den Atem an, bis – wie mit dem Lineal gezogen – hinter der Bahn wieder zwei schwarze parallele Striche im Schnee erschienen. Jetzt atmeten wir auf. Nun zählten wir, wie lange es dauerte, bis die Gleise wieder undeutlich wurden und schließlich völlig zugeschneit waren. Dann gab es wieder nur weißen, unberührten Schnee. Doch aufs neue kündigte ein leises Klingeln aus der Ferne das Kommen der nächsten Straßenbahn an. Und wieder und wieder ergab sich dasselbe Spiel. In immer kürzerer Zeit waren die Gleise zugeschneit, und wenn es so weiterschneite, konnten wir bald vor dem Haus schlittenfahren.

Auf der Straße zu fahren war damals ziemlich ungefährlich, denn ein Auto war in der Gegend der Markuskirche eine wahre Seltenheit. Wenn je einmal eines in unserem Gäu geparkt war, dann standen nach kurzer Zeit viele Kinder, vor allem Buben, drumherum und bestaunten und begutachteten es von oben bis unten und von vorne bis hinten. Am liebsten wären sie noch druntergekrabbelt. Heute müßte da schon wenigstens ein Rolls Royce stehen, um bewundert zu werden, oder am besten gleich ein Ferrari.

Damals gab es noch eine ganz besondere Art des Schlittenfahrens, die heute, soviel ich weiß, niemand mehr kennt. Es war die sogenannte »Kandelrutsche«. Wer von den alten Stuttgartern ist wohl noch kandelgerutscht? Man saß dabei quer auf dem Schlitten, mit dem Rücken zum Bordstein, beide Beine auf einer Kufe aufgestellt. Erst ging es gemütlich, dann immer schneller den Bordstein entlang im Kandel abwärts. Lenken war unnötig, der Schlitten blieb von selbst in der Bahn. Nur beim Überrodeln einer Dole machte er oft einen kleinen Schlenker und wollte ausbrechen. Dann mußte man halt ein bissele schubsen.

Was haben wir uns geärgert, wenn der Streuwagen kam und unserem Schlittenspaß ein Ende machte. Der Streuwagen fuhr ganz langsam, und so, wie der Bauer mit der Hand gesät hat, warf ein Mann mit einer Schaufel Sand auf die Straße. Nun blieb uns nichts anderes übrig, als unsere Schlitten nach Degerloch zur großen Schlittenbahn auf der Waldau zu ziehen.

Wenn wir schon von unten, vom Königsträßle aus, den Lärm hörten, liefen wir trotz müder Füße im Laufschritt vollends hoch. Oben an der Bahn mußte man sich erst hinten anstellen, und wer noch ein Hosenmatz war, der wurde weggeschickt zur Kleinkinderbahn. War man endlich an der Reihe, trieben einen die Wartenden ungeduldig zur Eile an: »Schnell, sitzet nauf!« Dann schob man sich mit »Hau ruck!« durch die Abfahrtspfosten, und los ging's. Immer schneller, immer schneller raste und rasselte der Schlitten in atemberaubendem Tempo die lange, gerade Strecke hinunter, mitten durch den Wald.

Kurz vor dem Ende der Bahn ging es über einen Hubbel. »Feschthalte!« Man klammerte sich um den Bauch des Vordermanns, denn nun flog der Schlitten ein ganzes Stück durch die Luft. Und wer sich nicht festgehalten hatte, der plotzte mit dem Hinterteil recht unsanft wieder auf den hölzernen Sitz, und wer schief geladen hatte, der kippte um und brachte den letzten Teil der Strecke auf dem Boden wargelnd und im Schnee rutschend hinter sich, während der Schlitten führerlos weitersauste und irgendwo im Wald an einen Baum bumste.

Am Ende der Bahn raste man noch auf eine ziemlich tief hängende Fußgängerbrücke zu, zog jedesmal instinktiv, aber unnötigerweise den Kopf ein, genoß diesen herrlichen Nervenkitzel tief im Bauch, schoß unten durch, holte tief Luft und entspannte sich.

Der Schlitten hoppelte aus, die Fahrt war zu Ende. »Schad, jetzt sind mr unte!« Damals war ein Lift noch unbekannt. Wer also wieder hinunterfahren wollte, der mußte zuerst, mit dem Schlitten an der Schnur, wieder hochschnaufen.

Von der Vorweihnachtszeit, einer elektrischen Eisenbahn und dem Weihnachtsmarkt

Die Tage und Wochen vor Weihnachten waren früher eine Zeit voller Geheimnisse, und es gab allerlei Wunder, an die wir noch fest glaubten. So geschah es manchmal, daß am Himmel oder an einer dunklen Hauswand ein heller Schein vorüberhuschte. Wir sagten: Es flimmert. Wir hielten das für einen himmlischen Vorboten auf Weihnachten. Oder es war plötzlich eine Schublade oder ein Schrank verschlossen, und der Schlüssel war versteckt.

Die Vorweihnachtszeit war damals noch eine geruhsame Zeit – ohne Hast und ohne Schulangst. Die Wünsche waren bescheiden, aber die Spannung war um so größer. Es wurde früher dunkel, und auf der Straße wurden die Gaslaternen zeitiger angezündet. Dabei ging ein Mann in der fast dunklen Straße von einer Laterne zur anderen und entzündete mit einem langen Stab den Docht der Lampe. In der Wohnung roch es nach Gutsle, und meine Großmutter knetete auf dem

Wohnzimmertisch den Teig für das Schnitzbrot. Wir Kinder hatten genug Zeit, um aus glänzendem Buntpapier allerlei auszuschneiden und Notizkalender damit zu bekleben, um auszusägen, zu malen, zu häkeln, einzupacken und die kleinen Geschenke dann zu verstecken.

Einmal habe ich aus Luftmaschen ein Wäscheseil gehäkelt. Es blieb allerdings ziemlich kurz. Meine Mutter hat sich ganz arg darüber gefreut. Sie konnte es angeblich so gut gebrauchen, und ich war überglücklich.

Oft standen wir auch einfach im dunklen Zimmer am Fenster, schauten hinaus in die Nacht und warteten, ob es irgendwo flimmerte. Die Straßenbahn, die unten am Haus vorbeifuhr, hatte jetzt Licht, und die Leute, die ausstiegen, verschwanden rasch in der Dunkelheit.

In diesen Tagen vor Weihnachten zog es uns vor allem zum Marktplatz, zum Spielwarenhaus Kurtz. Welches Stuttgarter Kind hätte den Kurtz nicht gekannt? Im Schaufenster vom Kurtz lief nämlich vor Weihnachten eine elektrische Eisenbahn. Die war viel größer als die kleinen Zügle von heute. In den Wagen hätten kleine Puppen Platz finden und ein Lokführer hätte aus dem Führerhäusle gucken können. Man mußte Glück haben, nach langem, geduldigem Warten schließlich in der vorderen Reihe einen Platz zu erwischen. Dann rasselte einem direkt vor der Nase die Lok mit rasenden Pleuelstangen ins Tunnel hinein. Am letzten Wagen leuchteten noch kurz die roten Schlußlichter, dann kam die schwarze Lok vorne auch schon wieder herausgeschnauft, schlenkerte mit ihren Wagen im hinteren Teil des Schaufensters an kleinen Häuschen und einer alten Burg vorbei, beschrieb einen Bogen und fuhr wieder, zum Greifen nah, an uns vorüber, um erneut im Tunnel zu verschwinden. Länger konnte man seinen Platz direkt vor der traumhaften Herrlichkeit meist nicht behaupten. Wir waren halt auch ein bißchen schüchtern und wurden deshalb von den »frecheren« Kindern wieder weggedrückt. Die standen dann immer viel länger vorne als wir.

Wenn der erste Schnee gefallen war, dann war die Zeit gekommen, wo auf dem alten Marktplatz die Buden für den Weihnachtsmarkt aufgeschlagen wurden. Da konnten wir kaum den Abend erwarten, und noch vor Einbruch der Dunkelheit waren wir vier Kinder dann inmitten der glitzernden und funkelnden Kostbarkeiten und Wunderdinge.

Lange blieben wir vor den Buden mit übernatürlich schönem Christbaumschmuck und aufregenden Spielsachen stehen. Immer wieder entdeckte man etwas noch Schöneres und wollte es den anderen zeigen. Bei den herrlichen Kleidern und bunten Tüchern meinte eines: »Die wäret für uns viel z' schee!« Dann wieder wurde man am Arm mitgezogen und gefragt: »Hasch des scho g'sehe? Aber des isch sicher arg teuer!« Oder: »Guck amal da nüber! Was 's da für Spielsache hat! Heidenei!«

Wir bestaunten und bewunderten einfach alles. Inmitten dieser Märchenwelt vergaß man auch seine eiskalten Füße. Wenn es ganz dunkel war, erstrahlte eine Lichterkette über den Giebeln der alten Fachwerkhäuser, und der Weihnachtsmarkt lag dann ganz schnuckelig und gemütlich da innen drin. Aber dann war es für uns auch höchste Zeit heimzugehen.

Immer nah beieinander liefen wir zufrieden durch die dunklen Straßen, bei denen nur ab und zu ein kleiner Umkreis von einer Gaslaterne schwach erleuchtet wurde. Unsere Schatten, die zuerst hinter uns herliefen, wurden immer kürzer, unter der Laterne waren sie ganz verschwunden, und dann wuchsen sie vor uns wieder in die Länge. Komisch, sowas!

Wir haben auf dem Markt nie etwas gekauft, weil wir dafür kein Geld bekommen hatten. Aber das war uns auch gar nicht so wichtig. Es war einfach schön, alles lang genug ansehen zu können. Daß es überhaupt so viele herrliche Dinge gab, das allein war schon ein Wunder.

Die G'schenkle beim Breuninger

Mit dem alten Marktplatz fällt mir wieder der Breuninger ein. Der gehört so sehr zu Stuttgart und meiner Kindheit, daß ich unbedingt davon erzählen muß.

Der Breuninger war damals längst nicht so groß wie heute. In dem jetzigen habe ich mich vor ein paar Jahren so sehr verirrt, daß ich dachte, ich finde überhaupt nicht mehr hinaus. Und als ich in diesem großen, modernen Breuninger nach dem Ausgang suchte, hatte ich plötzlich eine Vision: Da steht ein kleines, schmales Bürschlein in festen Stiefelchen, mit langen Wollstrümpfen, einer kurzen Bleyleshose und einem einfachen Mäntelchen bekleidet, bescheiden an einem Packtisch und wartet lange, bis es schließlich leise und ängstlich fragt: »Krieg i bitte a Spiegele?«

In den zwanziger Jahren war der Breuninger ein mehrstöckiges Kaufhaus für Bekleidung und Textilien aller Art. Dort kaufte man preiswerte, aber solide Ware, von Knöpfen, Nadeln, Faden und Stoffen bis zu Kleidern und Anzügen. Die Kleider waren hübsch, aber nicht extravagant, und man konnte sich, ohne so oder so aufzufallen, überall damit sehen lassen.

Doch der Grund, warum dieser Breuninger für uns Kinder so wichtig war, war der, daß die Kunden bei ihrem Einkauf an manchen Tagen ein kleines Werbegeschenk bekamen. Das zog uns magisch an: die G'schenkle – ein Spiegele, ein Kalenderle oder ein »echt goldenes« Bleistiftle!

Also wenn einer meiner Brüder atemlos von der Schule heimkam mit der Nachricht: »Beim Breuninger gibt's Spiegele!«, dann waren wir vier nicht mehr zu halten. Das Essen dauerte dann viel zu lang, denn wir hatten Angst, daß wir zu spät kommen könnten, und alle Spiegele wären weg, und natürlich hätten sie dann die Kinder bekommen, die sowieso mehr hatten als wir. Noch mit dem letzten Bissen im Mund rannten wir los. »Lauf doch schneller, sonscht hat 's nix mehr!« wurde ein Nachzügler angetrieben. Wir rannten so lange, bis eines von uns Seitenstechen hatte.

Mit Herzklopfen drückte sich dann einer nach dem anderen durch die Ladentür. Ich hatte immer das Gefühl, daß uns jedermann ansehen würde, daß wir nichts kaufen wollten, sondern nur wegen der Geschenke kamen. Als erster stellte sich immer mein Bruder Hans, der mit seinen acht Jahren der Älteste war, an einem Packtisch an. Ich sehe das noch heute vor mir: Lange wartet er dort. Ein dünnes Bürschlein in festen Stiefelchen, mit langen dicken Strümpfen und einem Mäntelchen, bei dem die Ärmel ein bißchen zu kurz sind. Immer wieder drängt sich ein Erwachsener vor den kleinen Kerl. Die wollenen Strümpfe jucken, und er muß ab und zu kratzen. Aber er wartet geduldig. Doch schließlich faßt er sich ein Herz und bringt leise, mit brüchiger Stimme, seine Bitte vor: »Krieg i bitte a Spiegele?«

Wenn er Glück hatte, kam er mit rotem Köpfle und feuerroten Ohren zu uns und zeigte verstohlen seinen Schatz. Und dann probierten wir es, einer nach dem andern. Es gab ja so viele Packtische. Aber es konnte auch passieren, daß man Pech hatte und von der Verkäuferin gefragt wurde: »Zu wem g'hörsch denn du? Hasch denn du was kauft? Sonscht gibt 's fei nix! Des wär nomal scheener!« Dann schoß einem vor Verlegenheit die Röte ins Gesicht, und man verdrückte sich, so schnell man konnte, und die anderen schlichen hinterher. Man hielt schon manchen harmlosen Kunden für einen unbarmherzigen Aufseher. Erst in sicherer Entfernung machte man seinem Herzen Luft und murmelte zwischen den Zähnen: »So a blöde Denge, so a blöde!« Aber erst, wenn jedes sein Spiegele oder ein »echt vergoldetes« Bleistiftle, ein Kalenderle oder ein Notizblöckle in der Tasche hatte, machten wir uns wieder auf den Heimweg.

Daheim hatte jedes irgendeine Schublade oder eine Schachtel, wo es seine Schätze aufheben konnte. Meine Brüder benützten diese Kostbarkeiten, aber mir waren sie dafür zu schade. Ich habe sie immer nur aufgehoben und mich an ihnen gefreut, wenn ich sie ab und zu angeguckt und, sofern sie aus Leder waren, beschnuppert habe.

Vom ersten Feuerwerk und vom Brand im Alten Schloß

Für uns Kinder war manches auf der Welt wie ein Wunder. Aber eines, bei dem ich aus dem Staunen fast nicht mehr herauskam, war das erste Feuerwerk, das ich in meinem Leben zu sehen bekam.

Wir hatten jedes Jahr an Silvester gebettelt, ob wir nicht aufbleiben dürften, um das Knallen zu hören und wenigstens ein bißchen etwas vom Feuerwerk zu sehen, auch wenn es nur der Schein am Himmel gewesen wäre. Aber immer hatte man uns um neun Uhr ins Bett geschickt. Da hatte kein Betteln, kein Maunzen und kein Bruddeln geholfen. Als aber eines Tages, kurz vor Neujahr, meine Mutter sagte: »Des Jahr dürfet ihr an Silvester 's Feuerwerk agucke!«, da konnten wir es kaum fassen. »Dürfet mir na zum Fenschter nausgucke?« fragten wir aufgeregt. »Nei, mir gehet d' Neue Weinsteig nauf, von da obe aus sieht mr 's schee!«

Von dem Tag an konnten wir es natürlich fast nicht mehr erwarten. Wir machten extra einen Kalender, um jeden Tag, der vergangen war, auszustreichen. O je, wir wären fast »verbobbert«!

Schließlich war es soweit. »Laufet doch a bißle schneller!« trieben wir unsere Eltern an, als wir, warm angezogen, zur Neuen Weinsteige hinaufmarschierten. »I seh scho, mir kommet no z' schbät! Dürfet mir net vorausspringe, sonscht krieget mir kein g'scheite Platz mehr! Au, Baba, von da aus könnt mr scho nuntergucke!«

Doch überall standen bereits Leute, die auch das Feuerwerk ansehen wollten. Aber so sind d' Stuttgarter fei net, daß se d' Kinder net vorg'lasse hättet.

»Komm, Büble, geh vor, sonscht siehsch nix! Und du au! Ach, ihr g'höret zamme! Ha, jetzt lasset doch die Kender durch!«

Schließlich standen wir vier dann ganz vorne in der ersten Reihe. Alles fror geduldig vor sich hin, und man trabbelte mit den kalten Füßen im Schnee. Immer mehr Leute kamen. Bekannte begrüßten sich mit tiefsinnigen Worten wie:

»Ha, grüß Gott! So, wollet ihr au 's Feuerwerk agucke?«

»Ha ja, deshalb sind mr da!«

»Gell, 's isch a bissele kalt?«

»Des schdemmd. 's isch ziemlich kalt!«

Auf einmal raste von drunten ein silbernes Band in den Himmel, zerfatzte mit einem Knall und hinterließ lauter rote Feuerkugeln, die langsam herabschwebten.

»Au, rot!« kam da vielstimmig der Ruf der ergriffenen Zuschauer. »Jetzt fängt's a, 's Feuerwerk!« Die Kirchenglocken läuteten. Mitternacht. Schon folgte die zweite Rakete, schoß in die Höhe, zerknallte, und: »Au, blau!« kam es wie aus einem Mund. Und so ging es weiter. »Au, grün! – Au, blau! – Au, rot!«

Manchmal regnete es Sterne, die bruzzelnd und knatternd verloschen, und manchmal gab es nach dem Hochschießen nur einen allmächtigen Knall, und futsch war die Rakete.

»Schad, da isch viel Geld he!«

»Da habet Se recht. Des Zeug isch deuer, des koschded an Haufe!«

Schließlich hörte man es von drunten nur noch knallen und zischen. »Des isch jetzt 's Bodefeuerwerk«, erklärte jemand. »Des kommt am Schluß. Des könnet mir halt von da obe net sehe.«

»Ja, jetzt isch 's aus«, sagte einer und wollte gehen.

»Nei, Baba! Wart no! Bleib no da! 's kommt doch no 's Bengalische Licht!« Ganz energisch wurde der Mann von seiner Frau am Arm festgehalten. Und tatsächlich erschien kurz darauf drunten, ganz in rotes Licht getaucht, das Alte Schloß, und nicht weit davon erhob sich in grünem Gespensterlicht das Neue Schloß. »Oh, isch des schee!« kam es da aus andächtigen Kehlen.

Und dann, als das Licht langsam erlosch: »Baba, jetzt könnet mr gehe. Jetzt isch 's aus. Komm, Babale!«

Ja, das Alte Schloß! Hätte mich damals jemand nach den Sehenswürdigkeiten von Stuttgart gefragt, dann hätte ich wie selbstverständlich gesagt: »Vor allem 's Alte Schloß isch schee.« In der Stuttgarter Innenstadt gibt es ja gleich zwei Schlösser, doch das Neue Schloß interessierte uns Kinder überhaupt nicht. Das hatte ja nicht einmal einen Turm. Aber das Alte Schloß – das war doch was! Erstens war es viel schöner und viel älter, und zweitens hat es in einem ganz kalten Winter einmal fürchterlich gebrannt.

Es war mitten in der Nacht, und wir durften uns anziehen und zugucken. Das war eine tolle Sache! Die Feuerwehr hat gelöscht und gelöscht, was sie konnte. Aber sie hat es nicht ganz geschafft. Es brannte zu arg. Am nächsten Tag hing dann das Schloß, das heißt, was davon noch übrig war, von oben bis unten voller Eiszapfen. Eine Eiszapfenruine! Das hat mir damals unheimlich imponiert, und ich habe gedacht: So a Eiszapfeschloß gibt 's sonscht nirgends. In keiner Stadt. Des habet bloß mir. Ich war richtig stolz.

Wie es damals beim Schlittschuhfahren war

Im Winter wurden die Tennisplätze auf der Waldau gespritzt, und wenn es kalt genug war, wurden sie zu einer prima Schlittschuhbahn. Natürlich sind wir vier da oben auch schlittschuhgefahren, aber halt ein bissele anders als heute – ein bissele arg anders!

Nachdem man sein Zehnerle an der Kasse abgegeben hatte, schlitterte man vorsichtig auf dem glatten Eis zu den Bänken. Damals waren »angewachsene« Schlittschuhe, das heißt Stiefel und Schlittschuhe an einem Stück, noch eine Seltenheit. Mit dem Örgele – das war ein kleiner Vierkantschlüssel – schraubte man die Kufen an seinen Winterstiefeln fest. Dabei bohrten sich wohl oder übel die hinteren Zähne der Kufen in den Stiefelabsatz. Die Riemele, die vorher zum Tragen gedient hatten, gaben zwar einen zusätzlichen Halt, aber der Absatz ging zwangsläufig mit der Zeit leider trotzdem kaputt. Wenn alles hebte, paßte und klappte, ging es noch ein bißchen unsicher mit links, rechts, links, rechts immer in der Bahn herum.

Wenn damals einer rückwärts fahren konnte, dann war der schon etwas Besonderes. Aber wenn einer gar auf einem Fuß Bögen ins Eis kratzen und dabei graziös den linken Fuß hoch über den rechten halten konnte und andersherum, dann war er in unseren Augen schon ein Künstler. Manchmal waren auch richtige Eiskunstläufer am Werk. Donnerwetter, haben die Sachen gemacht! Die konnten rückwärts kurven, auf einem Fuß hüpfen, auf der Stelle zwirbeln, sich in der Luft drehen und noch viel mehr. Doch manchmal ist auch einer von denen auf den Hintern geplotzt.

Aber über die blöden Leute, die, ohne zu gucken, rückwärts gefahren sind, haben wir uns immer elend geärgert. Die kamen mit einem Affenzahn dahergeschossen, und wegen denen hat es so manchen von uns Knirpsen oheimlich neidätscht. Allerdings hat es uns manchmal auch neig'haue, weil bei voller Fahrt ein Schlittschuh vom Absatz krachte. Heidenei, war des Eis immer hart!

Leider kam dann zum Schluß noch der Heimweg auf müden, gefühllosen und eiskalten Füßen. Und der Weg war so weit, so schrecklich lang!

Zu Hause ließen wir die Schlittschuhe und unsere Stiefel nicht einfach irgendwo fallen, um es uns auf dem Sofa bequem zu machen und auszuruhen. Das war damals ganz anders! Die nassen

Stiefel stellte man ordentlich auf ein Blech vor den Ofen, und die Schlittschuhe wurden zum Trocknen auf alte Zeitungen gelegt und später, vor allem an den Schrauben, mit einer Speckschwarte eingefettet. Man hat seine Sachen gepflegt, um das Alte so lange wie möglich zu erhalten, und hat nicht nur immer Neues gekauft und gekauft und gekauft.

Es war halt so manches anders als heute. Aber etwas aus der alten Winterzeit ist noch nicht ausgestorben, nämlich der gute, alte Schneemann. Der wird von meinen Enkeln noch genauso gemacht wie von uns. Oder machen manche Kinder statt dessen schon Roboter oder Marsmenschen? Ich will 's nicht hoffen!

Oh, die scheene Albumbildle! Vom Sparen und von der Flicknäherin

Ich glaube nicht, daß die Stuttgarter heute immer noch so sparsam sind wie früher. Zu meiner Zeit hat man auf jeden Fall arg gespart. Das war für uns Kinder auch ganz selbstverständlich. Das Wort »Taschengeld« kannten wir überhaupt nicht. Wenn man einmal eine neue Feder für den Federhalter brauchte, ein neues Heft oder ein Bildle für ein Poesiealbum, dann mußte man halt die Mutter um ein Fünferle oder Zehnerle bitten.

Ach ja, die Albumbildle! Die haben mir so gut gefallen, und ich hätte zu gern wenigstens einmal eines für mich gekauft, aber ich mußte zufrieden sein, wenn ich sie beim Kauf für ein Poesiealbum einer Schulfreundin ausgiebig anschauen konnte. Ich konnte mich dabei dann immer lange nicht entscheiden, welches ich nehmen sollte.

Welches war nur das schönste? Das mit den Veilchen oder die Schneeglöckchen oder gar die Maiglöckchen? Engele waren mir nicht so wichtig, Blümle mußten es sein! Doch schließlich trug ich dann jedesmal die Veilchen heim und klebte sie in das Album neben den sorgfältig und schön geschriebenen Spruch:

Dem kleinen Veilchen gleich,
das im Verborg'nen blüht,
sei immer fromm und gut,
auch wenn dich niemand sieht!«

Mein Veilchen blühte in jedem Album. Weil ich selbst kein Poesiealbum besaß, waren die geliebten Bildle immer nur ein kurzes Glück in meiner Hand.

Ja, so war 's mit dem Sparen! Wenn ich erst an die Fünferle und Zehnerle denke, die man gespart hat, indem meine älteren Brüder nach jedem Ausflug auch bei großer Hitze am Marienplatz, der Zonengrenze der Straßenbahn, aussteigen und zu Fuß vollends heimlaufen mußten, dann sehe ich heute einen Sinn eigentlich nur darin, daß wir Kinder auf diese Weise das Sparen so richtig ins Blut bekommen sollten.

Mein Vater gehörte als Lehrer ja nicht gerade zu den armen Leuten. Aber man hat an die Zukunft gedacht. Für uns Kinder mußte Schulgeld bezahlt werden, was übrigens jedes Jahr in bar – umständlich, aber gemütlich – durch den Hausmeister von Klassenzimmer zu Klassenzimmer eingezogen wurde. Außerdem sollten wir später einmal studieren, und ein Studium kostete viel Geld. Nicht nur Unterkunft und Verpflegung, auch die Gebühren für Vorlesungen und Seminare mußten aus eigener Tasche bezahlt werden. Aus Sparsamkeit fuhren meine Brüder deshalb später, während ihres Studiums, oft mit dem Fahrrad von Tübingen nach Degerloch. Ihre Studentenbude war im Winter öfters nicht geheizt, und mein Bruder erzählt heute noch, wie er im eiskalten Zimmer zum Lernen ins Bett gekrochen, aber auch dort nicht warm geworden sei.

Doch zurück zu meiner Kindheit. Wenn der Flickkorb am Überlaufen war, kam die Flicknäherin ins Haus und flickte alles, was noch irgendwie wert war, geflickt zu werden. Da rasselte dann von morgens bis abends die Nähmaschine. Sie wurde mit den Füßen angetrieben. Aber an der Seite gab es auch ein kleines Rad, mit dem man langsam von Hand schwierige Stellen nähen konnte. Zum Spulen durften wir Kinder manchmal dieses Rädchen drehen. Immer wieder fragte eines: »Darf i a bißle trieble?«

In die Bettwäsche wurden Stücke eingesetzt, kleine Stellen wurden gewiefelt, und Hemdkragen und Manschetten hat man gewendet. Schlechte Leintücher wurden in der Mitte durchgeschnitten, das Kopfteil nähte man an das

Fußteil, weil da der Stoff noch nicht so strapaziert war. Ein durchgewetzter Hosenboden wurde durch einen neuen ersetzt, auch wenn er in der Farbe nicht genau gepaßt hat. Hauptsache, die Hose war wieder ganz. »Guck amal, dei Hösle sieht jetzt fascht netter aus als vorher«, so versuchte man dem Höslesbesitzer die Sache schmackhaft zu machen. 's kommt halt immer drauf a, wie mr 's aguckt! Hemden bekamen am Ellbogen neue Flicken, und nur, was ganz dünn, also »blöd«, war, kam in den Lumpensack.

Bei uns ging die Sparsamkeit sogar so weit, daß die Flicknäherin meinem Bruder, als er schon ins Gymnasium ging, neue Hosen nähte. Die waren allerdings nicht so ganz der letzte Schrei, ihr Schnitt war eher über den Daumen gepeilt: halt zwei Hosenfüßle bis ans Knie und – Hauptsache, ein Schwipsle, wie wir zum Hosenladen sagten. Der nötige Pfiff hat eben gefehlt. Wenn sie um den Bauch und Popo ein bißchen arg pummelig waren, dann hieß es: »Sei froh, na schbannt 's de net.« Und wenn das Gegenteil der Fall war, gab es den Rat: »Darfsch halt de Bauch net so nausstrecke!«

Gsälzbrot mit Margarine, von Kirschle und vom Wurschtweckle

Selbstverständlich hat man auch beim Essen gespart. Es gab gesunde, aber einfache Hausmannskost. Ein Wecken wurde ohne »was drauf« gegessen, oder er wurde in Kakao eingetunkt. Ein Gsälzbrot bestand aus Brot, Margarine und Marmelade. Butter zum Gsälz wurde höchstens einem Gast angeboten.

Wenn es zu Pfannkuchen oder Brei Kirschenkompott gab, dann hat jedes von uns Kindern am Schluß seine Steine gezählt, und dann wurde ein Minus an Steinen durch nachgelieferte Kirschen ausgeglichen. Da hat manchmal eines absichtlich ein paar Steine mitgeschluckt! Die Steinle habet zwar a bißle druckt, aber die Kirschle habet gut do!

Abends gab es zum Brot oft Backsteinkäs', selten Wurst. Und der Käs' hat immer so appetitlich g'stunke!

Doch – halt! Zur Wurst muß ich etwas erzählen!

Meine Oma schenkte ab und zu meinem Brüderle und mir etwas Geld für einen Wurstwecken. Wir ließen ihn jedesmal mit frischer Schinkenwurst belegen. Aber wir haben ihn dann nicht etwa gleich gegessen. Nein, den haben wir noch aufgespart, bis wir am Pfaffenwegle mit den sommerlichen Obstgärtle und den halbverfallenen Weinbergstäffele waren. Obgleich wir den »Glusten« fast nicht verheben konnten und am liebsten sofort in unsere Wecken hineingebissen hätten, warteten wir, bis wir an unserem Ziel, nämlich an einem ganz bestimmten Stäffele, angekommen waren. Dort setzten wir uns nebeneinander, und ich meine heute noch, den herrlichen Geschmack der frischen Schinkenwurst auf dem Wecken zu spüren, wenn wir ihn endlich mit Wonne gevespert haben. Wenn mir damals eine Fee einen Wunsch freigegeben hätte – ich glaube, ich hätte mir ein »Wurschtweckle« gewünscht!

Wo wir eingekauft haben, und was es sonst noch alles zu sehen gab

Zum alten Stuttgart gehörten für mich ein paar große Geschäfte: gediegene, aber teure – und gediegene, aber ein bißchen billigere. Wenn ich jetzt diese Geschäfte aufzähle, damit sie den alten Stuttgartern wieder in Erinnerung kommen, falls es diese überhaupt noch gibt – ich meine beide: die Geschäfte und die Stuttgarter –, dann will ich dazu sagen, daß ich nur jene Geschäfte erwähnen kann, die für uns, als zur Gattung der Fußgänger gehörend und in der Gegend der Markuskirche vorkommend, erreichbar waren, und an die ich mich heute, nach siebzig Jahren, noch erinnern kann. Ich will auch nicht jeden Laden, den mein Fuß je betreten hat, hier anführen, sonst wird es langweilig. Weiter möchte ich auch alle Geschäftsinhaber, die ihren Namen hier vergeblich suchen, bitten, mir nicht böse zu sein. Ich versichere, daß all diese Läden dann entweder außerhalb meines Reviers lagen oder daß ihre Namen mir schlichtweg nicht mehr einfallen.

Den Breuninger und den Kurtz kann ich abhaken. Die waren schon dran. Im Tietz war ich nicht oft, und der Schocken wurde erst später gebaut, den kannte ich kaum. Von jetzt ab ist die Reihenfolge rein zufällig und sagt nichts aus über Größe, Alter oder Wert.

Für uns Musikusse der Spezies »Laien mittleren Grades« waren wegen Noten und Musikinstrumenten ganz wichtig der Lausch & Zweigle, der Barth, Sulze & Galler und Kochendörfer. Für Kleidung gab es den Oberpaur und Hanke/Kurtz, dann den Bletzinger für Schuhe, Tritschler für gutes Geschirr, und für Bettzeug den Braun. Bei Wittwer konnte man Bücher kaufen, bei Rehn Schreibwaren und teure Zirkelkasten für Konfirmanden, und beim Korb-Mayer – dreimal darf man raten!

Obst, Gemüse und Blumen kauften wir, wenn nicht gerade Wochenmarkt war, in der Markthalle. Ich erinnere mich da noch an einen Brunnen, der mir besonderen Eindruck gemacht hat. Außerdem hat es dort immer so gut gerochen, und dieser Geruch war mir so vertraut, daß ich dachte: So kann es halt nur in unserer Markthalle riechen.

Aber in Stuttgart gab es natürlich noch viel mehr, an das man sich heute noch gerne erinnert. Zum Beispiel die beiden Theater – das Große und das Kleine Haus –, dann den Rosengarten, den

Anlagensee, die Stiftskirche und das Planetarium, bei dem die Sonne und der Mond vorwärts und rückwärts laufen konnten. »Mensch, desch toll, die kennet au henderschefier surre!« Als Kind hatte man an sowas mächtig Spaß!

Besonders stolz war ich auch auf unsere beiden Aussichtstürme. Man hat sie leider während des Zweiten Weltkriegs gesprengt. Man dachte, feindliche Flugzeuge könnten Stuttgart, obgleich es doch durch seine Wälder verdeckt im Tal lag, wegen dieser Türme orten. Es war ja auch auffällig, daß Stuttgart von Fliegerangriffen lange Zeit verschont blieb, als andere Städte teilweise schon zu Schutt und Asche zerbombt waren. Es gab den Spruch: »Stuttgart im Loch, wir finden euch doch!«

Jedenfalls standen diese beiden Aussichtstürme während meiner Kinderzeit in ihrer ganzen imposanten Größe fest an ihrem Platz, und ich bewunderte sie. Der eine stand in Degerloch, am Ende der damaligen Turmstraße, jetzt umbenannt in Nägelestraße. Ein paar hundert Meter entfernt wurde später der Fernsehturm gebaut. Der andere war der Hasenbergturm, der stand – wo wohl? Ha, auf dem Hasenberg! Zwei so schöne Aussichtstürm' auf einmal! Des soll uns z'erscht einer nachmache!

Wir waren halt noch in keiner anderen Stadt gewesen.

»Einmal Waldfriedhof, bitte!« oder: So fuhr man damals mit der Elektrischen

Aber was wäre Stuttgart gewesen ohne seine Straßenbahnen! Die gehörten für mich einfach dazu. Die mußten im Winter schwarze, parallele Striche in den Schnee zaubern, die mußten klingeln und bimmeln, und das klang so heimatlich wie für andere die Kuhglocken in den Bergen.

Nur waren diese »Elektrischen«, wie man damals sagte, halt viel gemütlicher als heute. Der ganze Betrieb war geruhsam. Es hat überall gemenschelet und nicht geautomatelet.

Schon vom Einsteigen an war alles anders und problemlos. Wer heutzutage glaubt, er könne in eine Straßenbahn einsteigen und beim Schaffner ein Billetle lösen, der gehört in den Augen der Jugend bereits zu den Gruftis. Das Witzle »Einmal Waldfriedhof, bitte!«, das von Häberle und Pfleiderer so oft vorgetragen wurde, könnte man heute nicht mehr machen, denn wegen eines Fahrscheins muß man nämlich zum Automaten, und wer nicht mehr die besten Augen hat, der ist schon von da ab ganz schlecht dran. Aber was dann noch auf ihn wartet, bis er schließlich die Flinte ins Korn wirft und lieber zu Fuß geht, das will ich hier nicht alles beschreiben. Das muß jeder selber ausprobieren, dann weiß er, was mir einmal passiert ist.

Jetzt kommt's, warum es früher gemütlicher zuging: Die Straßenbahn hielt, man stieg ein, gelangte von der vorderen oder hinteren Plattform durch eine zweite Tür ins Wageninnere, wo man sich, wenn möglich, ans Fenster setzte, denn man konnte damals während der Fahrt hinausschauen. Man fuhr *auf* der Straße und nicht darunter. Der Schaffner wartete geduldig, bis der letzte Fahrgast eingestiegen war, die Türen wurden von Hand geschlossen, dann zog er an der Klingelschnur, die unter dem Dach bis zum Führerperron führte, und gab damit das Zeichen zum Abfahren. Da isch d' Tür net eifach zugange, ob se ein neiklemmt oder net.

Der Schaffner ging dann langsam durch den Wagen, und wer zugestiegen war, der verlangte einen Fahrschein. Man nannte dabei das Fahrtziel, bezahlte – entsprechend der Teilstrecken – zehn, zwanzig, dreißig oder vielleicht manchmal sogar fünfzig Pfennig.

Soviel ich weiß, waren die Billetle mit rotem Rand die billigsten und die mit lila Rand die teuersten. Der Abfahrtspunkt und das Endziel wurden vom Schaffner, der ein dickes Billetlesbuch in der Hand trug, angekreuzt. Dafür hatte er genug Zeit. 's hat nie pressiert. Wenn nicht umgestiegen werden mußte, wurde der Fahrschein einfach eingerissen.

Auf dem vorderen Perron stand der Wagenführer hinter seinem Schaltpult. Auf dem Boden war ein Klingelknopf. Da hat der eifach draufdrappt, eh er abg'fahre isch oder wenn unterwegs jemand, vielleicht a alte Frau oder a Hundle, übers Gleis g'laufe isch.

Wir Kinder fanden es herrlich, wenn zuweilen während der Fahrt die Stange des Stromabnehmers aus der Oberleitung hochschnellte. Dann blieb die Bahn mitten auf dem Gleis stehen. Se hat kei Ruckerle mehr do. Der Wagenführer mußte aussteigen, die Stange mit einem Seil herunterziehen und das Rädchen so lange deichseln, bis es wieder am Platz war. Dann konnte die Bahn weiterfahren.

Aber bis es soweit war, schlug es da droben bei jeder Berührung mächtig Funken, und das war für meine Brüder und mich natürlich fast so schön wie ein kleines Gratisfeuerwerk. Hoffentlich dauert 's no a Weile! habet mir dacht.

Ab und zu kam es vor, daß eine Weiche nicht richtig gestellt war. Auch da blieb dem Wagenführer nichts anderes übrig als auszusteigen und mit einer eisernen Stange die Weiche von Hand richtig zu stellen.

Wenn aber eine Bahn, vom Bopser kommend, statt nach rechts zum Schloßplatz schon ein bißchen nach links Richtung Vaihingen gefahren war – was war dann? Na habet manche vor Schreck nausguckt und habet Angscht g'habt, sie seiet in dr falsche Bahn, und die andere Leut habet se ausg'lacht. Dann mußte der Fahrer halt »z'rückgondle«, die Weiche richtig stellen, und erst dann konnte man weiterfahren. Wie war 's früher doch g'mütlich beim Straßebahnfahre!

Nach Degerloch mit der Zahnradbahn

Wenn ich jetzt nur von den alten Straßenbahnen erzählen würde, dann könnte zurecht die Zahnradbahn beleidigt sein und »a Gsicht ziehe«. Also Schluß mit den Straßenbahnen, jetzt kommt die Zahnradbahn an die Reihe.

Daß mitten in einer Großstadt eine Bergbahn fährt, ist schon etwas Besonderes. Deshalb war ich auch so stolz auf unsere Zahnradbahn.

Der alte Zahnradbahnhof war ja ganz in unserer Nähe. Die Heusteigstraße vor bis zur Kurve, und da war er schon. Über eine Treppe kam man hoch, dann durch eine Tür, und schon war man bei den Gleisen. Linkerhand vom Bahnhof befand sich der Lokschuppen, in dem Motorwagen und Anhänger abgestellt waren. Deshalb war zwischen Bahnhof und Gleisen ein ausbetonierter Graben, und mit einem fahrbaren Gleisstück konnte man Wagen hin und her befördern. Meistens war dieses Gleisstück an seinem eigentlichen Platz, und die Bahn konnte jederzeit passieren. Aber wir Kinder waren manchmal auch außerhalb der Fahrzeiten am Zahnradbahnhof.

Wenn ich dann am Ende des Gleises in den tiefen Schacht hinuntersah, schauderte es mich. Aber nie isch a Bahn da neiplumpst.

Vom Bahnhof aus ging es, immer parallel zur Alten Weinsteige, gleich steil nach oben. Die Gleise führten zuerst durch ein unbebautes Stück Land, in dem die Natur in eigener Regie allerlei Kräuter, Büsche und ab und zu einen kleineren Baum wachsen ließ. Dann verließ die Bahn dieses kurze naturbelassene Land, eine Straße kreuzte die Gleise, und nun fuhr man der Alten Weinsteige entlang weiter, bis man im Bogen von der Straße abwich und in ein kleines Wäldchen einfuhr. Das war für uns immer ein Erlebnis: nirgends eine Straße, nur zum Greifen nah Zweige, Blätter und Bäume. Aber dann ließ man das Wäldchen zurück, und im alten Zuckeltempo näherte sich die Bahn wieder den Häusern und vor allem der von ihr gefürchteten Stelle, an der die Alte Weinsteige vom Pfaffenweg gekreuzt wird. Und damit an der »g'fährliche Stell« bloß keiner in se neilauft, hat sich die Zahnradbahn oheimlich wichtig g'macht. Die hat klingelt, g'rad als ob se a Schnellzug wär, und isch dabei aber im Schnecketempo nüberg'fahre. Das war also genau an dem Weg, der mit dem Wurschtwecken-Geschichtle schon in diese »Chronik« von Stuttgart eingegangen ist.

Von da ab fuhr die Bahn sichtlich stolz weiter bis zu einer Ausweichstelle, wo sie auf den Gegenzug warten mußte. Dann überquerte man nach der Haltestelle am Haigst in schwindelnder Höhe auf einer Brücke die Neue Weinsteige. Au, da isch 's weit nuntergange! Und während wir mit leichtem Schauder lange in die Tiefe schauten, fuhr die Bahn unbeirrt und schwindelfrei weiter. Noch ein kurzer Halt am Wartehäusle bei der Turmstraße, und dann zuckelte sie in den Degerlocher Zahnradbahnhof ein. Endstation! Wer weiterfahren wollte, mußte in die Filderbahn umsteigen, die in verhältnismäßig flottem Tempo quer durch Wiesen und Felder zu Dörfern auf den Fildern fuhr. Die hab i damals aber no net kennt.

Für ganz heiße Tage hatte die Zahnradbahn übrigens extra einen Sommerwagen. Bei dem fehlten einfach die ganzen Seitenwände. Da gab es nur oben das Dach, unten die Sitzbänke und außen ein Geländer. Wenn dieser Wagen angehängt war, dann war das Fahren nochmal so schön. Man saß dabei fast im Freien und hätte beinahe abspringen und dann nachrennen können.

Den alten Zahnradbahnhof in der Heusteigstraße habe ich vor ein paar Jahren wieder einmal besucht. Da ist alles noch so wie einst, nur fährt da keine Bahn mehr. Der neue Bahnhof ist am Marienplatz, und es führt eine Betonbrücke über die Filderstraße, auf der der Verkehr tobt. Die Brücke mündet auf der Alten Weinsteige wieder in das alte Gleis, ein gutes Stück unterhalb der Stelle am Pfaffenweg, wobei wir wieder ganz in der Nähe vom »Wurschtwecken-Stäffele« wären.

Stuttgart gehörte zu meiner Zeit ja immerhin zu den großen Städten. Aber welche andere Großstadt hätte sich auch mit einer Zahnradbahn brüsten können? Also da hatten wir mit unserer doch wirklich eine Sehenswürdigkeit. Und dann kam ja später als eine weitere großartige Sache sogar noch eine Seilbahn hinzu, die von Heslach aus durch den Wald steil hinauf zum Waldfriedhof führte.

Mit der Seilbahn sind wir leider nie gefahren. Heslach, neben dessen Schützenhaus die Talstation war, lag nicht in unserem Revier. Das war nur der Ausgangspunkt für unsere Ausflüge zu den Wildparkseen. Und den Waldfriedhof erreichten wir, sparsam wie wir waren, zu Fuß. Heute fährt man mit dem Auto vom Marienplatz aus erst durch ein langes Tunnel, dann durch den Wald bis zum Waldfriedhof. Diesen Weg trotteten wir Kinder Fuß vor Fuß in die Höhe. Später, als wir in Degerloch wohnten, war der Weg zum Friedhof wesentlich kürzer, außerdem eben, und unsere Beine waren inzwischen wesentlich länger. Dieses nur zur Erklärung, warum wir mit dem Prunkstück unserer Stadt, mit der Seilbahn, nie gefahren sind.

Unsere klassische Bildung und Altgriechisch auf Schwäbisch

Unser Vater war ja Lehrer und seines Zeichens Altphilologe. Die klassische Bildung begann deshalb bei uns schon kurz nach dem Laufstall. Wo heute die Kinder im eigenen Zimmer sitzen und sich Comics einverleiben, in denen der aussagekräftige Sprachschatz – Seufz! Krächz! Kicher! – in Sprechblasen dargestellt wird, oder pausenlos mit dem Kopf nickend sich einen Hit nach dem anderen mit dem Discman reinziehen, da saßen wir vier mit unseren Eltern abends um den Tisch und hörten andächtig zu, was Ingo und Ingraban in Freytags »Ahnen« alles erlebten. Mit Amundsen wanderten wir von Pol zu Pol, und im Urwaldkrankenhaus von Albert Schweitzer bangten wir um die Patienten und litten unter den Unannehmlichkeiten der Tropen. Das Buch ging reihum, jeweils einer las, die anderen hörten zu, und ich muß sagen, es hat uns gut gefallen. Sogar gemäßigtes Plattdeutsch war für uns bald kein fremder Dialekt mehr, und »Nachtigall, ick hör dir laufen, aus das Bächlein willst du saufen« gebrauchten wir problemlos als Redensart.

Außer Schwäbisch und Plattdeutsch hatten sich auch einige lateinische und griechische Ausdrücke in unseren Sprachschatz eingenistet. Etwa statt: »Los, räum da Tisch ab und mach na 's Licht aus!« hieß es: »Los, mach tabula rasa, und na machsch 's lux ex!« Aber wen wundert es, wo doch mein Vater am Gymnasium versuchte, Latein und Griechisch zu neuem Leben zu erwecken. Meine Brüder saßen dort zu seinen Füßen. Nur ich fiel etwas aus der Rolle.

Wie sehr sich die griechische Sprache unserer Großfamilie bemächtigt hatte, zeigte sich immer wieder bei einer ganz besonderen Gelegenheit. Nämlich dann, wenn selten, aber doch hin und wieder, ein Besucher bei uns nicht nur feierlich im Salon sitzen mußte, sondern am gemeinsamen Mittagessen teilhaben durfte. Am Tisch saß dann wie immer auch unser Dienstmädchen. Aus dem Mund dieses Mädchens vom Land kam dann irgendwann mit echt schwäbischem Akzent ein Seufzer, der den Gast so verblüffen mußte wie eine Taube aus dem Tuch des Zauberers: »Ho mäh dareiß andropoß upaideietai.« Das war dann das humanistische Tüpfele auf dem »i«. (Es ist schwer, schwäbisches Griechisch mit lateinischen

Buchstaben zu schreiben!) Für den Leser, dem Griechisch spanisch vorkommt, heißt das auf deutsch: »Der nicht geschundene Mensch ist nicht erzogen.«

Aber da war noch etwas. Im Salon hing nämlich ein ganz großes Bild, das beim Betreten sofort den Blick auf sich zog, und das, wie ich fand, so gut wie kein anderes zu uns paßte. Es war Feuerbachs »Iphigenie«, die da bei uns an der Wand hing und andauernd das Land der Griechen mit der Seele suchte. Sie suchte und suchte, und sie tat mir immer so leid.

Kinderängste, Sauerkraut und Choräle

Wir Kinder halfen ganz gerne bei kleineren Arbeiten im Haushalt. Im Sommer vor allem beim Abzupfen der Unmenge roter Träuble, die wir mit einem Waschkorb vom Markt geholt hatten. Später war das Gipfeln und Schneiden der Bohnen an der Reihe, und zum Eindünsten mußten sie dann durch dünne Flaschenhälse bugsiert werden. Zum Glück hatten wir zum Schneiden wenigstens eine kleine Maschine, denn allein das Füllen der Flaschen war eine langwierige Arbeit. Immer wieder aufstauchen und neue Bohne hineinstopfen. Im Herbst waren dann noch Zwetschgen zu entsteinen und Äpfel zu schälen, damit sie zu getrockneten Schnitzen verarbeitet werden konnten.

Eine andere Tätigkeit, die an keine Jahreszeit gebunden war, war das Zuschneiden von Klopapier. Dazu mußten alte Zeitungen herhalten, vor allem das »Tagblatt«, manchmal auch der »Merkur«. Die Blätter mußten die richtige Größe für den zu erfüllenden Zweck haben. Nicht zu groß, sonst hieß es: »Vertu doch 's Papier net so!« Und nicht zu klein, sonst wurde man getadelt: »Doch net so klei, da verschmiert mr sich ja d' Händ!« Wenn ein Päckchen fertig war, mußte man es im Klo an dem Abreißhaken aus dickem Draht aufspießen. Zu meinen speziellen Aufgaben gehörte noch das Ausmisten des Käfigs vom Peterle, dem Kanarienvogel, und dem der weißen Maus.

Bei einer der »Hol-doch-g'schwind«-Tätigkeiten stand ich jedesmal fürcherliche Ängste aus. Von Zeit zu Zeit wurde ich nämlich in den Keller geschickt, um Sauerkraut zu holen. Sobald ich die Kellertür hinter mir geschlossen hatte, war ich allein mit meinem Kerzenleuchter, und unter mir, im Dunkeln, lag ein unheimlicher, finsterer Raum. Eine steinerne Wendeltreppe führte zu einem langen Gang mit vielen Holzverschlägen hinab, hinter denen überall Gefahren lauern konnten. Ich war immer bereit zur Flucht, weil ich ständig das Gefühl hatte, einen Verbrecher im Rücken zu haben.

Das Kerzenlicht flackerte und warf unheimliche, huschende Schatten auf den Boden und an die Wand. Mit lautem Herzklopfen kam ich dann am Ende des Gangs zu einer kleinen Steintreppe, die noch tiefer hinabführte.

Und dort, ganz unten, stand nun das Krautfaß. Wenn ich außer Kraut noch Kartoffeln holen sollte, mußte ich da drunten noch durch ein Loch der

Lattenwand kriechen. Spätestens da packte mich das totale Grauen. Fluchtartig stolperte ich dann mit Kraut, Kartoffeln und wild flackernder Kerze, als ob etwas Böses hinter mir her wäre, die Treppe hoch, den langen Gang entlang, die Wendeltreppe hinauf – und dann war ich gerettet!

Nie wieder! schwor ich mir jedesmal. Nie wieder! Und doch stieg ich immer wieder allein hinunter, nur weil ich nicht zugeben wollte, daß ich Angst hatte.

Ich war eigentlich kein Angsthase, und zu meiner Ehrenrettung will ich jetzt doch sagen, daß in der Zeitung immer wieder von Überfällen auf Mädchen zu lesen war. Ich habe in dem Alter zwar noch keine Zeitung gelesen, aber solch schreckliche Dinge kamen mir doch ab und zu zu Ohren. Und einmal, als es an einem Winterabend schon dunkel war, sah ich auf dem verschneiten Weg zum Briefkasten einen Mann stehen. Als ich zurücklief, rannte er mir nach, und ich konnte ihm gerade noch an der Haustür entkommen. Da soll mir doch keiner sagen, daß ich ein rechter Hasenfuß gewesen sei.

Ich hatte mich ja sogar bereiterklärt, für einige Zeit zwei Stockwerke tiefer in der Wohnung der Großeltern zu schlafen. Sie saßen oft noch mit den Eltern zusammen, wenn ich abends ins Bett mußte. Dann gab mir mein Großvater den Wohnungsschlüssel und fragte: »Mäd, hasch kei Angscht?« Natürlich habe ich das verneint. Wer gibt schon gern zu, daß er sich fürchtet? Aber ich lief dann – immer mit der Angst, das Licht im Treppenhaus könnte ausgehen – die vielen Stufen hinunter. Wenn ich die Wohnungstür schließlich erreicht hatte, horchte ich, ob sich drinnen auch nichts bewegte, und schloß dann mit zitternden Händen auf.

Am Ende des langen Korridors war im Wohnzimmer mein Bett aufgeschlagen. Bei Nacht war das Zimmer arg ungemütlich, denn es hatte nach drei Seiten Fenster, und zu allen schaute die Nacht herein. Aber das Schlimmste war, daß ich von meinem Bett aus direkt in den alten Fangelsbach-Friedhof sah.

Der einzige Lichtschalter war an der Tür zum Gang; ich mußte also zum Schluß im Dunkeln ins Bett. In meiner Angst sang ich dann leise unter der Bettdecke Choräle, bis ich hörte, daß die Wohnungstür aufgeschlossen wurde und meine Großeltern kamen. Ich habe sicher nie mehr mit so kindlichem Gottvertrauen einen Choral gesungen. Und g'wieß au nie mehr unterm Deckbett.

Allerlei Tücken beim Schwimmkurs im Büchsenbad

Ich war wohl etwa sieben Jahre alt, als meine Eltern es an der Zeit fanden, daß wir schwimmen lernen sollten. Alle vier auf einmal, das war praktisch und zeitsparend. Die ersten Lektionen wurden uns daheim erteilt. Wir lagen dabei bäuchlings auf dem Küchenhocker und versuchten, zum Kommando »eins – zwei – dreivier« darauf zu schwimmen. Aber auf ma Hocker schwimme isch schwierig!

Nach erfolgreichem Trockenkurs gingen wir dann endlich mit unseren Eltern zur Liederhalle. Nein, das ist kein Druckfehler. Direkt neben der Liederhalle, dem Konzerthaus von Stuttgart, war nämlich auch das einzige Schwimmbad, genannt »Büchsenbad« oder »Schwimmbüchs'«, weil es an der Büchsenstraße lag. Das Heslacher Bad wurde erst etwa sechs Jahre später gebaut. In Berg gab es zwar ein Mineralbad, das Leuze, und in Cannstatt das Neuner, ein Thermalbad. Aber in beiden Bädern waren wir nie, weil sie erstens für

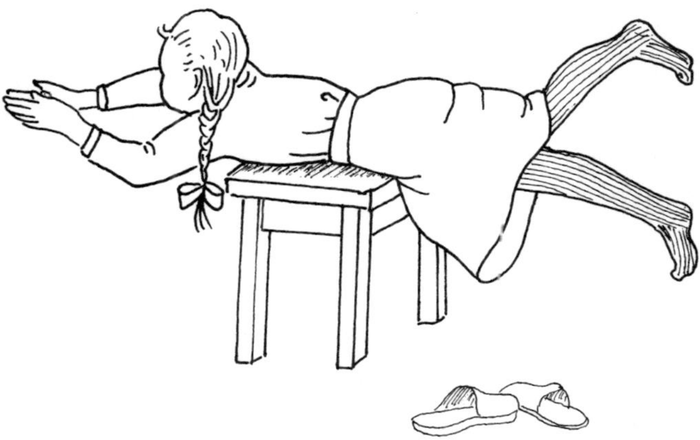

uns zu teuer und zweitens zu weit weg waren. Es blieb uns also nur die »Schwimmbüchs'«.

Ich war mächtig gespannt auf dieses »Büchsenbad«, denn von jetzt ab müßten wir nicht mehr auf dem Hocker schwimmen, wir sollten es im Wasser lernen.

Beim ersten Besuch fand ich es sonderbar, daß sich gleich nach der Kasse die Wege trennten: Weiblein nach links, Männlein geradeaus. Ja, ja, die Stuttgarter waren halt noch »sauber«. Mr hätt sich ja beim Bade was weggucke könne! Ich folgte also meiner Mutter mit leichtem Herzklopfen zur Schwimmhalle für Frauen. Dampf, Wärme und lautes Geschrei empfingen uns, als wir zu den Umkleidekabinen kamen.

Es gab noch keine Wechselkabinen. Hinten ließen sie sich mit einer Tür verschließen, und vorne konnte man einen Vorhang zuziehen. Alle Vorhänge sahen gleich aus, und diese Tücke wurde mir schon am ersten Tag meiner schwimmerischen Laufbahn zum Verhängnis. Wir waren gerade auf dem Weg zu den Duschen, als ich mich dringend schneuzen mußte. Heidenei, dachte ich, i brauch ganz nötig a Taschetuch! Aber welches war jetzt unsere Kabine? »Herrje, alle sehet gleich aus! Sowas Blöds! Wo soll i jetzt neigucke?« Es half alles nichts, ich mußte überall hineinspicken. O je, was bin i da g'schimpft worde! Von da an habe ich beim Kommen die Kabinen gezählt. Ein zweites Mal ist mir so etwas nicht mehr passiert.

Zum Waschen der Füße gab es extra Fußbänke. Ein Bänkle aus Holz und davor ein kleines Badewännle aus Stein. Als ich Jahre später in einem Hotel solch ein Fußbadewännle entdeckte und mir in aller Unschuld darin die Füße wusch, rief meine Mutter entsetzt: »Was machsch denn du in dem Bidet?« Ja, über so Zeugs hat man uns Kinder damals nicht aufgeklärt. Dazu war vor der Hochzeitsnacht noch Zeit genug.

Weil man gespart hat, wo es nur möglich war, ersparten wir uns mit dem Schwimmbadbesuch das wöchentliche Bad zu Hause. Deshalb mußte ich vor dem Schwimmen zuerst zum gründlichen Waschen unter die Dusche. Gell, mr kann doch net als Dreckspatz ins Wasser hopfe!

Nun gab es da zwar ein Kämmerlein mit zwei Duschen, aber darin wuschen sich nur ältere Frauen. Kinder waren in diesem Allerheiligsten unerwünscht. Vielleicht hättet se was wegguckt. Kinder sind ja so neugierig! Deshalb blieben mir zur Säuberung nur die allgemeinen Duschen, bei denen es weder Vorhänge noch Türen gab. Ich mußte mich sozusagen wie in einem Schaufenster waschen. Aber weil ich mich so geniert habe, entwickelte ich meinen eigenen Waschvorgang. Ich drehte den Zuschauern den Rücken zu, obgleich bei mir auch vorne noch nichts zum Weggucken war. Dann streifte ich den Badeanzug so weit hinunter, als es noch keusch war, und fuhr mit dem eingeseiften Waschlappen, so gut es ging, unter den Badeanzug, um so im Verborgenen den Schmutz irgendwie einzuweichen und wegzuwaschen. Zum Schluß hoffte ich, daß die Dusche sowohl Seife als auch Dreck von der Haut und vom Badeanzug wegspülen würde. Aber trotz Duschen blieb alles immer ein bißchen »babbig«. Nach dieser Prozedur war es dann schließlich soweit, daß ich dem Bademeister ausgeliefert werden konnte.

Zuerst bekam ich von ihm einen Gurt um den Leib, wurde damit am Kran eingeklinkt und wie ein Rettungsboot über der tiefsten Stelle des Schwimmbeckens zu Wasser gelassen. Dummerweise aber nicht tief genug, denn halb lag ich im Wasser, halb schwebte ich darüber wie ein Wasserflugzeug, das im Begriff ist zu landen. Also des war ganz blöd! Das ewige »Eins – zwei – dreivier!« des Bademeisters konnte ich zwar, wenn ich gerade kopflastig war, auch unter Wasser hören, aber was soll man machen, wenn man ab und zu Luft holen will, und der Kopf ist gerade im Wasser? Da kann mr net »eins – zwei – dreivier« mache. Da grapscht mr bloß no nach dr Stang vom Badmeischter. Wie soll einer au in dem wacklige Zustand schwimme? Also nei, des war scho gar nix!

Beim nächsten Mal bekam ich zwei Ringe aus Kork um den Bauch gebunden. Die gaben mir einen solchen Schub nach oben, daß es unmöglich war, mit den Dingern unterzugehen. Manchmal rutschten sie aber zu weit hoch, und dann stand ich senkrecht im Wasser wie ein Seepferdle, nur daß bei mir der Kopf herausgeguckt hat. Und in senkrechtem Zustand kann man höchstens Wassertreten, nicht schwimmen. Aber wehe, wenn die Korken zu tief rutschten! Dann gaben sie meinem Hinterteil einen so gewaltigen Auftrieb, daß es war wie bei den Entlein: Köpfchen in das Wasser, Schwänzchen in die Höh'! Dann verhinderte wieder nur der Griff nach der Stange, daß ich paradoxerweise beim Schwimmkurs ertrunken wäre.

Zum Glück dauerte der Nervenkitzel mit dem Doppeldeckerkorken nicht lange. Bald gab es nur noch einen, und damit ging es recht gut. Zum erstenmal hatte ich das Gefühl, daß ich einen Schwimmkurs absolvierte und kein Überlebenstraining. Ich war richtig im Wasser wie ein Schiffle. Das war prima! Darum habe ich es bald im Niederen ohne Kork probiert. Und auf eimal isch 's gange. I hab schwimme könne! War i da stolz!

Ein Skikurs oder: Wenn i bloß a Bettflasch hätt!

Im Winter überließen wir das Schlittenfahren allmählich immer mehr den kleineren Kindern, denn ganz »hälinge« war das Skifahren zum Wintersport Nummer eins geworden, und auch wir liebäugelten schon damit. Ich war damals wohl etwa zwölf Jahre, und wenn ich welche sah, die in schnittigen, flotten Anzügen ihre Skier lässig geschultert zur Schau trugen oder etwas bescheidener die heimatlichen Buckel hinabkurvten, dachte ich, daß mir dieser Wintersport auch Spaß machen würde.

Meine Eltern müssen ähnliche Gedanken gehabt haben. Vor allem mein Vater, der nicht wollte, daß wir für »bähmullige« Außenseiter gehalten werden könnten, auf die man hinunterguckte; denn er wollte doch immer ein bißchen Staat machen mit seiner Brut. Deshalb wurde beschlossen, daß wir in den Weihnachtsferien das Skifahren erlernen sollten.

An Heiligabend war für jeden das Geschenk vorprogrammiert, nämlich Skier samt Stöcken und Handschuhen. Extra Skistiefel waren nicht nötig, da taten es die Wanderstiefel Marke »Jungdeutschland« genauso.

Die Skier waren damals allmächtig lange und schwere Dinger aus Holz, noch ein Stück länger als das Eigenmaß samt hochgestrecktem Arm. Außerdem hatten sie eine raffinierte Bindung, die, außer den Ski am Fuß zu halten, nichts anderes im Sinn hatte als einem den Finger einzuklemmen. Halt so richtig heimtückisch! Das Wachs kaufte man auch gleich mit den Skiern, und man wurde fachmännisch belehrt, daß man es zuerst draufschmieren und dann heiß aufbügeln sollte. Ha jetzt, wie denn? Und mit was denn?

Wer nun glaubt, wir seien in den Ferien in die Berge gefahren und hätten einen Skikurs mitgemacht, der ist auf dem Holzweg. O je, was das gekostet hätte! Also, fortgefahren sind wir schon, allerdings nur auf die Alb. Aber ein Skikurs? Denkste! Der war ja unnötig, wenn man einen Vater hatte, der Lehrer war, denn die Lehrer wissen und können ja bekanntlich alles. Also a Schikurs, der wär wirklich kropfonetig! So dachten wenigstens unsere Eltern.

Mein Vater, der selbst keine Skier hatte und auch noch nie auf solchen gestanden war, schöpfte das nötige Wissen aus einem Anleitungsbuch. Er war überzeugt, daß er damit und mit seinen pädagogischen Fähigkeiten Erfolg haben würde.

Mir hatte das Christkind außer den Skiern noch eine nigelnagelneue Skihose gebracht. Ich fand mich darin umwerfend sportlich. Unter den Knien hatte sie Bündchen zum Zuknöpfen, und an den Schenkeln stand sie seitlich weit ab wie eine Reithose. Auf einer Seite waren »zum Neischlupfe« acht Knöpfe. Der Reißverschluß war damals leider noch nicht erfunden! Oben am Bund waren Hosenträger angenäht, damit das Ding nicht rutschen konnte. Die Farbe war feierliches Dunkelblau. Wollstoff, feudal, chic. Ich war begeistert. Ich fand, mit einer solchen Hose sei das Skifahrenkönnen fast unnötig. Allein die hätte doch schon alles rausgerissen. Meine Hose behielt ihre hinterlistige Tücke – nämlich die vielen Knöpfe – vorerst noch für sich.

Jedoch, wo war der Ort für unseren hausgemachten Skikurs, mit genügend Schnee, einer Herberge, aber natürlich nicht zu teuer? Der gemeine Albwanderer kennt oberhalb von Oberlenningen bei Schopfloch das Randecker Maar. Vermutlich kennt er dann dort auch das »Otto-Hoffmeister-Haus«. Das gehörte dem Schwäbischen Turnerbund und wurde zu unserer Zeit wie ein Naturfreundehaus geführt. Mit Einheitsessen konnte man sattwerden und in schmalen, einfachen Zimmern – es waren eher Kammern – auch schlafen.

Dieses Otto-Hoffmeister-Haus hatte noch keiner von uns gesehen. In meiner Vorstellung war es ein luxuriöses Wintersporthotel, ähnlich einem Fünf-Sterne-Hotel in Davos oder sonstwo, wo halt die vornehmen Leute ihren Winterurlaub verbringen. Und genau da wollten wir hin! Ich konnte es kaum fassen!

Ich war in diesem Jahr fast die einzige in meiner Klasse, die in den Weihnachtsferien verreisen durfte. Als ich dann von unserem Lehrer gefragt wurde, wohin es gehe, wußte ich einfach nicht, wie ich mein »tolles Sporthotel« ins rechte Licht setzen sollte. Wie sollte ich 's sagen? »Nach Schopfloch« oder »ins Otto-Hoffmeister-Haus«? Also hielt ich es so, wie ich es von den »besseren Leuten« schon gehört hatte, und sagte: »Wir fahren auf Randecker Maar!« Gell, dachte ich, jetzt sind 'r sprachlos!

Aber mein Lehrer meinte daraufhin nur ganz beiläufig: »Ach, ihr geht auf die Alb ins Otto-Hoffmeister-Haus!«

Fort war das Luxushotel! Aus! Weg mit einem Schlag! In diesem gelangweilten Tonfall war es glatt zu einer ganz gewöhnlichen Jugendherberge zusammengeschrumpft. I hab mi na ganz klei'-g'macht in meiner Bank.

Und nun zu unserem »Skiparadies«. Damals fuhr noch nicht jeder mit dem eigenen Auto am

Hotel vor. Wir mußten uns den Weg dorthin schwer erkämpfen. Der Zug brachte uns zuerst nach Oberlenningen. Meine Mutter war leider nicht dabei – so war 's halt billiger! Und weil man die Fahrt gleich mit einem Besuch bei Onkel und Tante verbinden konnte, wurde daraus, wie hätte es auch anders sein können, ein Kaffeeklatsch. Der dauerte und dauerte, und draußen begann es bereits zu dämmern. Endlich, endlich war dann zum letztenmal »Ade!« gesagt. »Da seid ihr schnell drobe!« hörte ich noch beim Weggehen, als ich meine Skier auf die Schulter lud.

Und dann ging es in steilen Serpentinen durch den schon ziemlich dunklen Wald hinauf und hinauf und hinauf. Die Skier waren schwer und haben auf die Schulter gedrückt. Die waren einfach viel zu lang! Ich keuchte als letzte hoch und hatte, als ich endlich oben war, den Anschluß verloren. Kein Mensch war da, nur Nebel, Schneefelder und Wind, und es war inzwischen völlig Nacht geworden.

»Jetzt müsset mr aber beianander bleibe!« ermahnte mich mein Vater, als wir glücklich wieder beisammen waren. Bei dem Nebel könne man sich schnell verlieren, sagte er, und die Gegend hier sei gefährlich. Man könne leicht abstürzen, wenn man die Richtung verfehle. A scheener Troscht! dachte ich. Au des no!

Also die Skier wieder auf die Schulter, denn fahren konnte man da nicht. Wir liefen, immer der Richtung nach, über lange Schneefelder. Aber fragt mich nicht nach dem Weg! Es gab nämlich überhaupt keinen! Immer wieder Schneewehen, in die ich hineinfiel. Mühsam rappelte ich mich wieder hoch, klaubte die Skier aus dem Schnee und hievte sie mit erstarrten Händen erneut auf die geschundenen Schultern, um dann weiterzutorkeln bis zum nächsten Fall. Dazuhin blies mir ein eisiger Wind ins Gesicht. So hatte ich mir unser Skifahren eigentlich nicht vorgestellt. Jetzt an warme Ofe und na a Bettflasch, dachte ich, und na kann mr 's Schifahre g'stohle bleibe!

Aber schließlich fanden wir hundsrackermüde im Nebel doch unser »Wintersporthotel«. Völlig kaputt sanken wir auf die warme Ofenbank, schlabberten noch eine heiße Suppe, und dann wartete einen Stock höher die erste von acht Nächten auf uns: im eiskalten Schlafzimmer, in eiskalten Betten. Es hatte dreißig Grad Kälte! A Königreich für a Bettflasch! Gut' Nacht!

Naja, wie 's halt so geht! Mein Traumhotel entpuppte sich, bei Tag besehen, als eine Art Albvereinshaus.

Der erste Tag fing wie alle folgenden damit an, daß wir uns hätten waschen sollen. Aber wie, wenn das Wasser im Krug gefroren ist? Fließendes Wasser war damals sowieso noch nicht üblich, das war uns schon klar. Aber gefrorenes? Doch ein Hoch auf den Service im Otto-Hoffmeister-Haus! Vor unserer Kammer stand – wer hätt au des denkt – ein Krug mit warmem Wasser. Aber weil wir so froren, war es nicht weit her mit der Wascherei. Halt Augen auswischen und Zähne putzen, und im übrigen: Dreck hält warm!

Auf auf einmal hat 's mir pressiert. Also schnell aufs Klo! »Au, isch 's da kalt!« dachte ich laut vor mich hin und klappte den Deckel vom Plumpsklo hoch. Aber halt, so schnell ging es nicht! Zuerst mußte ich den Pullover ausziehen, wegen den angenähten Hosenträgern. »Isch des a Kälte! So, aber jetzt dapferle die Hos runter! 's pressiert!« Und da bemerkte ich die Hinterlist dieser Hose. Da waren acht Knöpfe aufzumachen, und das mit eiskalten Fingern! Acht blöde Knöpf! Aber anders hätte ich meine Kehrseite nicht ans Tageslicht befördern können.

Zum Glück hält der Körper eine Zeitlang seine Wärme, sonst wäre zu dem Zeitpunkt, als es endlich losgehen sollte oder wollte oder durfte oder mußte, alles eingefroren gewesen. Endlich! War i froh! War i erleichtert! Doch nun mußte ich zum Schluß wieder mit völlig gefühllosen Fingern die verdammten acht Knöpfe zuknöpfen. Warum waren auch nur die saudummen Knopflöcher so klein! Oh, die blöd Hos, die blöd! Und i hab se z'erscht au no so toll g'funde! Was habe ich doch in den folgenden acht Tagen meine Brüder um die angeborene Konstruktion ihres Dingsda beneidet. Und um ihr Hosentürle!

Aber verlassen wir diesen Ort der Greuel! Gleich nach dem Frühstück ging es hinaus in die Kälte, und da begann nun zuerst der Kampf mit der Skibindung, die genauso hinterlistig war wie die Hose. Man mußte nämlich einen kleinen, eisernen Hebel so weit nach hinten ziehen, bis dadurch eine Feder bis zum Zerreißen gespannt wurde. Und in dem Moment, in dem der Hebel zuschnappte, klemmte er heimtückisch die Haut mit ein. Der hat 's direkt drauf ag'legt! So schnell, wie der umschnappte, konnte ich nicht weg! Vor allem, weil ich statt Händen gefühllose Eisklumpen hatte. Beim Festschnallen des zweiten Skis zog ich den Skihandschuh an, damit der Finger nicht an dem eisernen Hebel festfrieren sollte. Und au wegem Klemme! Aber nun wurde zwar nicht die Haut, dafür aber der Handschuh eingeklemmt, und ich mußte das ganze aufs neue versuchen. Doch schließlich hatte ich die Bretter an den Füßen. Die waren inzwischen auch eiskalt, aber ich versuchte nun ganz vorsichtig – damit i net glei hiflieg –, langsam und immer der Spur nach zum Übungshügel zu rutschen.

Ob wir dort alles so gemacht haben, wie es unser Vater nach seinem Anleitungsbuch vor Ort erklärt hat, weiß ich nicht mehr. Aber ich weiß, daß wir Stemmbögen und die damals üblichen Kristianias und Telemarkschwünge probiert haben – ich allerdings nur bei langsamem Tempo, und nie nach links. I hab 's bloß nach rechts könne!

Wenn ich die Geschwindigkeit nicht mehr unter Kontrolle hatte, dann riskierte ich nichts von all diesen imposanten Schwüngen, sondern griff zum ungefährlichsten, sichersten, aber unsportlichsten Bremsmittel: zur »Arschbackebrems«.

Am Abend waren wir dann müde wieder zu viert in unserem polaren Schlafzimmer. Haben wir uns da eigentlich je unterhalten? Wir haben doch daheim im Bett so gerne noch miteinander geschwätzt. Wahrscheinlich war jedes vollauf mit Zittern und Bibbern beschäftigt, oder die Worte sind uns im Mund eingefroren.

Zum Glück hört alles einmal auf, so auch unser Skikurs. Daheim war es dafür dann wieder besonders schön. Vor allem war es so gemütlich warm in unserer Wohnung, und wir hatten noch acht Tage Ferien. Gleich am ersten Abend sind wir, ohne lange zu fragen, in den Betten noch zueinandergeschlupft, und es war wieder wie eh und je, so richtig schnuckelig.

Über die Schinderei beim Waschtag oder: Als die Waschmaschinen noch im Himmel waren

Wenn mir nach der Schule daheim keinerlei Essensgeruch in die Nase stieg, und wenn kein Mensch da war, dann konnte ich mir schon denken, was los war. Ich mußte nur in die Küche gehen und den Deckel der Kochkiste hochheben, und wenn mir da aus den beiden Mulden in der Holzwolle zwei Kochtöpfe zublinzelten, in denen Milchreis zufrieden und behäbig vor sich hingarte, dann war das ein untrügliches Zeichen: Es war Waschtag. In der Waschküche im Keller konnte ich dann, in Dampfschwaden eingehüllt, zwei Gespenster entdecken – meine Mutter und die Trudel. Immer hatten sie Kopftücher umgebunden, als ob die bei dem Dampf etwas genützt hätten.

Heute macht die Waschmaschine in knapp zwei Stunden die ganze Wäsche von allein. Dreckig stopft man sie hinein, und sauber und gut geschleudert holt man sie wieder heraus. 's isch fascht wie bei dr Altweibermühl. Früher war das eine Schinderei von morgens bis abends.

Vor dem Tag der großen Wäsche wurden bei jedem Wäschestück die Stellen, die besonders schmutzig waren, mit Kernseife fest eingebürstet. Dann durfte der ganze Dreck in großen Zubern mit Seifenwasser über Nacht aufweichen. Am nächsten Morgen hat dann unsere Trudel in aller Herrgottsfrühe den großen Waschkessel mit Wasser und Seifenpulver gefüllt und darunter ein Höllenfeuer angefacht. Im Waschkessel wurde die Wäsche gekocht.

Das Rubbeln der Wäsche auf einem Waschbrett blieb uns erspart, weil wir als moderne Neuerung sogar schon eine Art Waschmaschine hatten, die sozusagen die Urahne der heutigen Waschmaschinen war.

In diesem Ding drehte sich ein Holzkreuz langsam hin und her, angetrieben von einem elektrischen Motor. Des war scho was wert! Aber die Erfinder dieses hilfreichen Stückes – und das sind ja immer nur Männer, die dann leider nicht unter den Fehlern ihrer Erfindungen zu leiden haben – hatten nicht bedacht, daß diese vorsintflutliche Urwaschmaschine eigentlich hätte geheizt werden sollen. Wegen dieses bedauerlichen Versäumnisses mußte man jetzt nämlich schäpfchenweise das kochende Wasser aus dem Waschkessel in die Maschine füllen, und erst dann konnte die Wäsche darin langsam hin und her zwirbeln.

Von da an konnte man aber keineswegs sagen: »So, jetzt wasch amal schee!« Wenn nämlich genug gezwirbelt war, ging es erst richtig los mit Lupfen, Stemmen, Stauchen, Wringen, Bücken, Drücken, Schleppen. Entweder verbrannte man sich die Hände, oder man erfror sie sich fast. Immer mußte man gut aufpassen, daß man nicht einen Strahl der blubbernden, kochenden Seifenbrühe über den Kopf bekam. Es wurde geschwitzt, gestöhnt, aber manchmal auch gelacht.

Weil die Erfindung des Spül- und Schleudervorgangs einer Waschmaschine der kommenden Generation vorbehalten war – Die wollet au no was erfinde! –, mußte zum Schluß die nasse Wäsche durch eine Art Minimangel gedreht werden. Au, des war a blöd's G'schäft! Immer wieder war die Wäsche zu dick und ließ sich nicht zwischen den beiden Walzen durchziehen. Dann mußte man die Mangel zurückdrehen. Oh, laß halte! So a G'lomp!

Ich weiß nicht mehr, wie viele Waschkörbe man am Ende des Waschtags fünf Stockwerke bis zur Bühne hochschleppen mußte. Auf jeden Fall war alles eine elende Plagerei, und jeder, dem man sie heute zumuten wollte, würde sagen: »Ja, bin i denn blöd?!«

Wenn die Wäsche trocken war, durfte das gemütliche alte Bügelöfele zeigen, was es konnte. Vor lauter Eifer hat es rotglühende Backen bekommen, an denen dann die Bügeleisen heiß wurden. Gebügelt hat man auf dem Küchentisch, den man vorher mit dem Bügelteppich und einem alten weißen Bügeltuch gepolstert hatte. Ich weiß nicht, ob es damals schon Heißmangeln gegeben hat. Auf jeden Fall wurde bei uns die ganze Wäsche gebügelt. Überhaupt, was mr selber mache kann, isch immer billiger.

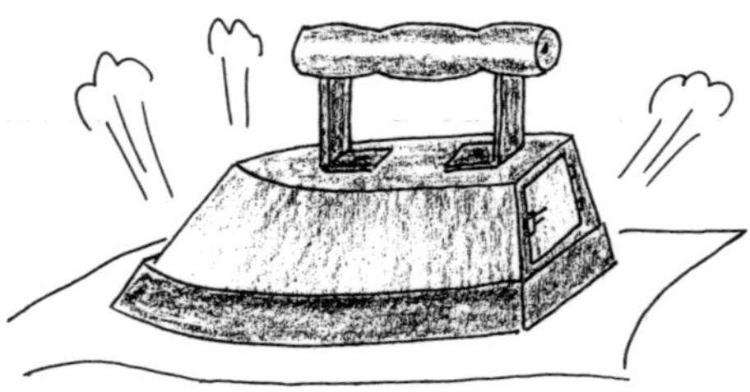

Vom schwäbischen Humor und von der Fasnacht

Es soll nur niemand behaupten, daß die alten Stuttgarter keinen Humor gehabt hätten. Die hatten schon einen – man könnte etwa sagen: einen eher tiefgründigen Humor. Der war so ganz anders als zum Beispiel der der Rheinländer. Das Lachen gelingt halt einem Schwaben nicht so leicht wie einem, bei dem die Kirschen schon reif sind, wenn es auf der Alb noch schneit.

Wo man in Köln beisammensitzt, lacht, singt und schunkelt, da sitzt der Schwabe vor seinem Häusle und raucht sein Pfeifle, oder er trifft sich mit Nachbarn in der Wirtschaft und schwätzt auch da nicht viel. Ausnahmen bestätigen wie immer die Regel. Selbst dann, wenn die Ausgelassenheit und der Übermut zur Faschingszeit im Rheinland ihren Höhepunkt erreichte, hat man im evangelischen Altwürttemberg, also auch in Stuttgart, halt höchstens ein bissele mehr Spaß gemacht.

Der eigentliche Fasching beschränkte sich in meiner Kinderzeit nur auf den Fasnachtsdienstag. Manche Kinder hatten da herrliche bunte

Fasnachtsschlangen. Die spannten sie über die Straße oder die Gleise der Straßenbahn, und sie hatten ihren Spaß, wenn die Papierschlangen von einem Auto oder der Bahn zerrissen wurden.

Wir durften uns nie Papierschlangen kaufen. Also sammelten wir vom Boden die zerrissenen Teile auf, klebten sie daheim mit Mehlpapp zusammen, rollten sie auf und hatten auf diese Weise eine viel größere und sogar mehrfarbige Papierschlange, die in unseren Augen schöner war als eine gekaufte. Aber wir wären damit nie auf die Straße gegangen, um sie dort zu benützen. Da wär se ja kaputtgange! Wir haben uns einfach gefreut, daß wir auch eine Fasnachtsschlange hatten.

Wo heute schießwütige Cowboys mit Käpselespistolen, Indianer, Zigeunerinnen, Prinzessinnen und Hexen in Massen auf den Straßen umherrennen, hat man damals gestaunt, wenn auch nur eines dieser Exemplare auf der Straße zu sehen war. Und dem isch mr na a Weile nachg'laufe, um 's richtig az'gucke.

Wir kostümierten uns mit Kleidungsstücken der Großeltern. Buben banden sich lange Röcke um den Bauch, schmückten sich mit komischen Hüten und stopften sich »obenherum« ein bissele aus. Mädchen liefen in langen Hosen vom Opa, Schaftstiefeln und flotten Mützen herum.

Aber die große Attraktion, der eigentliche Fasnachtsspaß für groß und klein, war der Umzug in der Königstraße. Den Fasnachtszug bildeten junge Leute, die sich völlig zwanglos zusammengefunden hatten und die auf der Königstraße vom Schloßplatz bis zum Wilhelmsbau auf und ab marschierten. Aber auch da trug, wenn ich mich recht erinnere, kaum einer ein gekauftes Kostüm. Sowas hat mr sich selber g'macht. Junge Burschen klatschten mit ihren Pritschen nach den Mädchen, und Pfeifen, Rätschen und Klappern sorgten für den nötigen Krach. Man lachte über die lustigen Verkleidungen, und alles war viel lockerer und ausgelassener als sonst. In meiner Erinnerung sehe ich vor allem zwei Studenten, die damals den meisten Beifall ernteten. Der eine trug ein Frauenkleid, dessen langer weiter Rock bei seinen Riesenschritten um die haarigen Männerbeine schlenkerte, und auf dem Kopf saß ihm ein altmodisches Kapotthütle. Mit seinen muskulösen Armen schob er einen ausrangierten Kinderwagen. Darin lag sein Kamerad, der ein spitzenbesetztes Babymützchen aufhatte, an einem Schöppele nuckelte, seine langen Beine über das Wägele hinausbaumeln ließ und immer wieder »Wäh, wäh!« schrie.

Bei diesem Faschingszug wurde es niemand langweilig. Alle hatten gute Laune, manche waren direkt ausgelassen, man war vergnügt und hat gern gelacht.

Wie ganz anders war aber der Zug, der sich in viel größerem Umfang und mit viel mehr Aufwand, bestens geplant und organisiert, einige Jahre später in endloser Länge und von Musikkapellen begleitet durch die Straßenzüge bewegte. Zu beiden Seiten standen die verständnislosen Stuttgarter mit ernsten Gesichtern. Se habet den Zug aguckt, weil 's sich halt so g'hört hat. Dieser Zug bestand wie heute aus kunstvoll hergerichteten Wagen mit allerlei Riesenfiguren und herausgeputzten Jungfrauen, die »Bombole« in die schweigende Menge warfen. Die Gäule der Brauereien zogen blumengeschmückte Wagen, bei denen auf einem Riesenfaß ein Bursche saß und den Zuschauern mit einem Bierkrug zuprostete. Aber wo waren die lustigen Zurufe und das herzliche Lachen geblieben? Das »Jetzt lachet doch!«, das erwartet wurde, wollte nur spärlich gelingen.

Und den neu eingeführten Fasnachtsruf »Ha no!«, den man dem rheinländischen »Helau!« oder »Alaaf!« nachgemacht hatte, brachten die Stuttgarter kaum über die Lippen. Wo nix isch, kann nix werde! Und Stuttgart liegt halt am Nesenbach und nicht wie Köln am Rhein!

Der alte Salon und die Tücken der Tanzstunde einer höheren Tochter

Einst war es üblich, daß – wenn irgend möglich – ein Zimmer der Wohnung als Salon diente. Wir hatten auch einen, aber unserer war wenigstens nicht, wie die meisten ihrer Art, nur ein unpersönliches Paradestück, das zwar manchmal abgestaubt, aber nicht benutzt wurde.

In unserem Salon wurden die Sonnenstrahlen nicht durch zugezogene Vorhänge ausgesperrt, damit nichts »verschießt«, und auf dem großen Flügel, der nicht einmal Zeuge von Bildung und maßvollem Wohlstand sein sollte, wurde fleißig gespielt. Meine Mutter war am Konservatorium ausgebildet worden, und sie konnte wunderbar Klavier spielen. Sie konnte alle, zum Teil sehr schwierigen Stücke, die eines von uns zur Geige, Bratsche oder zum Cello begleitet haben wollte, vom Blatt spielen. Aber im übrigen taugte der Salon zu nichts, höchstens zum Empfang seltener Besuche.

Da saß man dann steif auf dem unbequemen Sofa oder den Sesseln mit den harten Lehnen aus

Mahagoni. Neben dem Sofa stand die obligate Uhr unter dem obligaten Glasgehäuse, und davor waren die obligaten Porzellanfiguren aufgestellt. Bei uns waren es keine graziösen Tänzerinnen, sondern drei weiße Mäuse.

An der Wand hingen ein paar Bilder. Als größtes die arme Iphigenie, dann in kleinerem Format der studierende Mönch, weiter ein Kunstdruck von Spitzweg und eine wilde Meeresbrandung, die keine geographische Bestimmung für sich beanspruchte. Den röhrenden Hirsch oder den Christus, der einem direkt, wo immer man stand, in die Augen sah, hatten wir nicht, auch nicht das Bild, bei dem ein Kind, am Abgrund schlafend, von einem Engel bewacht wird. Beim Anblick unserer Bilder wehte einen der klassische Geist an.

Mit meiner Tanzstunde jedoch begann für unseren Salon eine ganz neue Epoche. In seinen vier Wänden sollten mir die Jünglinge, in deren Armen ich mich bald dem Tanz hingeben würde, zum erstenmal Auge in Auge gegenüberstehen. Natürlich nicht nur sie mir – auch ich ihnen. Eigentlich war es die Tanzstunde meines Bruders, aber ich sollte, von ihm behütet, daran teilnehmen, obgleich ich erst vierzehn Jahre alt und noch nicht einmal konfirmiert war.

Die Zusammenstellung der Teilnehmer war bereits von ein paar Müttern arrangiert, also die

Spreu vom Weizen getrennt worden. Man wollte die Töchter in guten Händen wissen, und es sollte auch alles standesgemäß zusammenpassen. Diese Tanzstundenjünglinge waren samt und sonders Schüler meines Vaters, und mit Sicherheit waren es nur die ganz anständigen aus den »besseren Familien«. Doch ich war später davon überzeugt, daß es mit den »Verdorbeneren« für mich weit lustiger gewesen wäre.

Eine Tanzstunde begann früher mit den Anstandsbesuchen der Herren. Diese Besuche sollten bei uns nach Ansicht meines Vaters standesgemäß über die Bühne gehen. Deshalb überließ man nichts dem Zufall oder gar einer Ungeschicklichkeit unseres Dienstmädchens. Die Sache wurde vorher geprobt. Zwei meiner Brüder, die nicht in die Tanzstunde verwickelt waren, fungierten als »die Herren«. Jene kamen zwar im Ernstfall immer zu dritt, aber darüber mußte man jetzt hinwegsehen. Der kleinere dieser Statisten war zwölf, der andere siebzehn Jahre alt. Sie bekamen beim Proben immer viel Szenenapplaus von uns, weil sie ihre Rollen durch spontane Komik, die nicht vorgesehen war, überaus lebendig gestalteten. Manchmal wuchsen sie direkt über sich hinaus! Aber mein Vater hatte dafür kein Verständnis und brach wegen »läppischem Gelächter« oft ab. Schade, daß es damals noch kein Fernsehen gab.

Diese Szenen, überhaupt die ganze Tanzstunde, hätten bestimmt die höchsten Einschaltquoten erzielt.

Unser Dienstmädchen, ohne Küchenschürze, mit einfachem, aber sauberem Kleid, sollte die Herren, die an den kommenden Sonntagen ihre Aufwartung machen würden, in den Salon geleiten, ihre Visitenkarten entgegennehmen und noch um einen Augenblick Geduld bitten, bis »Herr und Frau Professor« kommen würden. (Im übrigen kam meine Mutter nie mit, nur mein Vater repräsentierte die Familie.)

Als das Theater dann in Wirklichkeit über die Bühne ging, verlief es etwa folgendermaßen: Wenn die Herren wartend im Salon standen, betrat mit forschem Schritt mein Vater den Raum. Nach kurzem Räuspern und gnädigem »Bitte, nehmen Sie Platz!« ließen sich die Jünglinge so knapp wie möglich auf den Sesseln nieder. (Um Gottes willen ja nicht auf dem Sofa und bloß nicht angelehnt!) Auf dem Sofa saß ja auch als erster schon mein Vater. Wie hätte es auch ausgesehen – ein Schüler so »päp« daneben!

Wenn ich dann, wie vorgeschrieben, nach kurzer Zeit hereinkam, schossen die drei Jünglinge von den Sesseln hoch. Erneutes Räuspern von Vater und eine entsprechende Handgebärde begleitete die Offenbarung: »Meine Tochter!« (Wer hätte es – mit vierzehn Jahren – denn sonst sein sollen? Etwa seine Frau?) Ich spürte in dem Augenblick, daß ich feuerrot wurde, aber entgegnete, wie vorgeschrieben, nach jeder Vorstellung: »Sehr angenehm!« (Was war denn dabei angenehm – etwa der Druck verschwitzter Hände?) Eine Handbewegung meines Vaters gestattete nun jedem, sich wieder zu setzen. Es war einfach gräßlich! Ich wußte nicht mehr, wohin mit Armen und Beinen, und ich hatte das Gefühl, plötzlich zu viele davon zu haben. Wie sollte ich sitzen und wie gucken? Die steife Unterhaltung wurde ausschließlich von meinem Vater geführt. Es war eher ein Verhör, und die armen Opfer saßen mit roten Köpfen da, und ihre Ohren standen unter den frisch geschnittenen kurzen Haaren deutlich weiter ab als sonst.

Alles war erleichtert, wenn mein Vater aufstand und mit unmißverständlichem tiefen Einatmen zum Aufbruch aufforderte. Eine Verbeugung der Herren, begleitet von meinem verlogenen Spruch: »Hat mich gefreut!« und einem huldvollen Lächeln, beendete die qualvolle Zeremonie. Die Herren wären aus lauter Hochachtung beinahe rückwärts zur Tür hinausgestolpert, aber dann fanden sie mit hochroten Köpfen doch das Loch. Also nei, des macht mr heut wieder g'scheiter! Warum nur war mir das Los beschieden, dieses altbackene verlogene Getue mitzumachen?

Die Tanzstunde an sich war für mich auch alles andere als ein lockeres, nettes Vergnügen. Obwohl einer dabei war, der mein Herz höher schlagen ließ, wenn er mich zum Tanz aufforderte. Und wenn er mir durch meinen Bruder nach der Schule einen Gruß ausrichten ließ, dann klang das in meinen Ohren wie ein Liebesgeständnis und vergoldete den ganzen Tag. Dabei war es sicher so nichtssagend wie etwa: »Also bis morgen!« oder: »Mach's gut! Servus!«

Die Tanzstunde nahm nun ihren üblichen Verlauf, aber manchmal brach mir aus einem besonderen Grund der kalte Schweiß aus. Ich war nämlich zu der Zeit schon sehr kurzsichtig, sollte aber zum Tanzen wegen der Schönheit keine Brille tragen. Deshalb nahm ich sie vor dem Betreten des Saals ab und war von diesem Augenblick an zwar nicht gerade blind, aber völlig unsicher und hilflos. Trotzdem fand ich wenigstens einen Platz auf den Stühlen an der Wand, auf denen die Damen wie Hühner auf der Stange nebeneinandersaßen, und zum Glück begleitete nach einem Tanz der Herr seine Partnerin auch immer zu ihrem Platz zurück. Insofern fand auch ein blindes Huhn wie ich seinen Weg.

Aber was tun, wenn es hieß: »Damenwahl!« und wenn daraufhin alle Hennen wie elektrisiert aufsprangen, dann schlitternd und gackernd auf den Gockel ihres Herzens zustrebten, und ich einsam und verlassen auf dem Schlachtfeld stehenblieb? Ich konnte aus der Entfernung doch nur unterscheiden, ob lange Hose oder Rock. Das ersparte mir zwar wenigstens die Peinlichkeit, daß ich ein Mädchen aufgefordert hätte. Aber ich sah halt nicht, wer in der Hose steckte.

Also pflanzte ich mich vor der nächstbesten auf, ohne vorher zu wissen, wen ich damit entweder beglückte oder in Erstaunen versetzte. Denn einmal bin ich an einen geraten, bei dem ich feststellte, als wir einander Auge in Auge gegenüberstanden, daß er – oh Schreck! – noch kein einziges Mal mit mir getanzt hatte. Die Verwunderung stand ihm auch deutlich ins Gesicht geschrieben, und ich kam mir vor, als hätte ich mich ihm an den Hals geschmissen, dem Blödmann, dem blöden!

Übrigens fanden unsere Tanzstunden nicht unter Ausschluß der Öffentlichkeit statt. Immer wieder saßen einige Mütter der tanzenden Röcke dabei, die entweder sehen wollten, ob auch alles mit Anstand vor sich ging, oder die sich im Glanz ihrer Tochter sonnen wollten, weil sie immer noch im Glauben waren, daß sie einst das schönste Mädchen geboren hatten. Komisch, nie tauchte die Mutter eines der Exemplare männlichen Geschlechts auf.

Beliebte Spielchen, vor allem beim Schlußball, waren die Kotillons. Der Witz dabei war, daß der Zufall entschied, mit wem man tanzen mußte. Man zog einen Zettel mit dem Anfang eines Liedes, eines Spruchs oder eines Namens, und dadurch wurde jeweils ein Paar zusammengeführt. Ich hätte dabei einmal als Xanthippe meinen Sokrates suchen müssen. Aber ich wollte keine Xanthippe sein und steckte die Karte heimlich wieder zurück wie einst als Kind den Schwarzen Peter. Als dann später die falsche Xanthippe lauthals ihren Gemahl suchte, tanzte ich bereits ohne jegliche Gewissensbisse als Hera mit meinem göttlichen Zeus, der sogar – welch ein Glück – mein Angebeteter war, in den Himmel hinein. Meine späteren Schuldgefühle ließen mich aber ein ganz kleines bißchen daran zweifeln, ob das mit der himmlischen Bestrafung überhaupt stimmte. Oder wurde dort oben in solchen Fällen ein Auge zugedrückt?

Was sich g'hört und was sich net g'hört. Der erste Kuß, aus dem nichts wurde

Außer Tanzen brachte uns die Lehrerin auch die Grundlagen des Anstands bei. Zum Beispiel: Der Herr geht immer links von der Dame. Er wartet bei einem Besuch, bis die Dame des Hauses Platz genommen hat, und er sitzt auf gar keinen Fall auf das Sofa. Er öffnet einer Dame die Tür, läßt ihr aber den Vortritt. Aber um Gottes willen nicht auf der Treppe! Welche Wunderdinge könnte er erspähen beim Blick von unten nach oben!

Uns war ja bereits, als wir fast noch Kinder waren, eingeimpft worden, was sich gehörte und was nicht, und ich glaubte naiverweise lange, mich nach diesen doch schon recht altmodischen Anweisungen richten zu müssen. Ganz besonders verwerflich und unsittlich sollte es demnach sein, wenn man sich vor der Verlobung küssen ließ. Von den Tanzstundenherren hätte es sowieso keiner gewagt, nachdem ich doch die Tochter ihres erhabenen Lehrers war. Aber etwa ein Jahr später hatte mich ein Freund meines älteren Bruders, der schon kurz vor dem Abitur stand, entdeckt. Er war bei uns als Herzensbrecher und Don Juan bekannt, aber genau dieser sollte mein Lohengrin werden. Als er mich am letzten Abend vor seiner Abreise zum Studium an meiner Haustür, also sozusagen direkt unter den Augen seines gestrengen Lehrers, fragte, ob er mir einen Kuß geben dürfe, da sagte ich: »Sowas fragt mr doch net!« Ich meinte damit: Sowas fragt mr doch net lang!

Aber weil bei meiner Antwort das kleine Wörtchen »lang« gefehlt hat, hat er sie leider, leider falsch aufgefaßt. Und diesen Kuß, der der erste meines Lebens gewesen wäre, ist er mir bis heute schuldig geblieben. Schade, denn irgendwie ist er in einem Winkel meines Herzens hängengeblieben. Man hat halt nur einen Lohengrin, und den vergißt man nicht!

Meine Konfirmation und das Nachttischlämple

So kurios es mir auch vorkommt, es war wirklich so: Ich ging, als ich die Tanzstunde mitmachte, gleichzeitig auch zum Konfirmandenunterricht. Also muß sich die Konfirmation nahtlos an die Tanzstunde angeschlossen haben.

Vom Gottesdienst ist mir vor allem in Erinnerung geblieben, daß wir die Fragen, Gebote und die vielen »Was ist das?«, die wir auswendig gelernt hatten, vor der Gemeinde aufsagen mußten. Ich wußte zwar, welches mein Spruch war, aber als wir dann in der Kirche vorne in einer Reihe saßen, bekam ich plötzlich Lampenfieber. Zuerst begleitete ja die Orgel wie üblich den schleppenden Gemeindegesang. Wie immer war sie ein Stück voraus, und manchmal schien es, als ob die Gemeinde die Orgel nicht mehr einholen würde. Die Orgel zog und zog, aber es half nichts. Schließlich wartete sie auf die Nachzügler und ermunterte sie dann zu einer etwas lebhafteren Gangart.

Der Predigt, die ja vor allem an uns Konfirmanden gerichtet war, konnte ich nicht folgen, weil ich wegen meinem Lampenfieber pausenlos in Gedanken meinen Spruch wiederholte. Die Situation uferte völlig aus, als das eigentliche »Fragenhersagen« losging. Dabei mußten der Reihe nach immer drei Konfirmanden aufstehen, und einer nach dem anderen sagte seinen Spruch auf. Diese Dreiergruppe rückte unaufhaltsam näher, und ich konnte mich immer weniger konzentrieren, weil ja dauernd geredet wurde. In der Aufregung sagte ich im Geist manchmal den Spruch der Vorgängerinnen mit und wußte dann plötzlich meinen nicht mehr. In meinem Kopf schwirrten schließlich nur noch Sprüche herum. Aber als ich dann aufstehen mußte und der Pfarrer sich mit seiner Frage an mich wandte, da empfand ich plötzlich die große Stille in der Kirche. Keiner redete mehr. Jetzt konnte ich laut und deutlich meinen Spruch sagen, mühelos, ohne zu stottern oder gar steckenzubleiben.

Dann war für mich alles Schlimme vorbei. Ich war fertig, konnte tief aufatmen und mich setzen. Ich weiß noch genau, daß ich dachte: Ab jetzt ist Konfirmation, und nachher gibt es daheim Apfelsaft, soviel ich will, und Schlachtbraten mit Spätzle!

Zum Schluß der Feier sollten wir Konfirmanden ohne die Gemeinde einen Choral singen. Ich hatte »Befiehl du deine Wege« vorgeschlagen, weil ich das doch als Kind gegen meine Furcht unter dem Deckbett gesungen hatte. Ich hätte es als eine Art von Dankbarkeit für die damalige himmlische Unterstützung empfunden. Einst unter der Bettdecke, jetzt vor der Gemeinde! Aber mein Vorschlag hatte kein Gehör gefunden. Aus Protest sang ich deshalb nicht mit, stand aber mit den anderen auf und sang im stillen meinen Choral, wobei mich allerdings die für meine Zwecke falsche Orgelbegleitung sehr störte.

Als wichtige und erfreuliche Zugaben zur Konfirmation gab es auch zu meiner Zeit Geschenke. Es waren längst nicht so großartige und übermäßig viele wie heute, aber wir haben uns nicht weniger darüber gefreut. Von meinen Eltern bekam ich meine erste Uhr, die ich aber nur sonntags tragen sollte, von den Großeltern den sehnlich gewünschten Fotoapparat, von der Patentante ein Gesangbuch mit Goldschnitt und hauchdünnen Seiten. Es war sicher sehr teuer, und es blieb immer neu, weil ich es nie benützt habe. Ein Onkel schenkte mir meinen ersten Füllfederhalter. Den mußte man mit einer kleinen Gummispritze füllen. Dazu schraubte man die Feder zurück, saugte mit der Spritze Tinte aus einem Tintenfaß und füllte sie in den Füller. Dann wurde die Feder wieder nach vorne gedreht, und fertig.

Ein Geschenk aber blieb mir bis heute in ganz besonderer Erinnerung. Es war ein einfaches Nachttischlämpchen mit einem bunten Papierschirm. Ich hätte es nicht für möglich gehalten, daß ich je etwas geschenkt bekäme, was in meinen Augen so außergewöhnlich und irgendwie unerreichbar war. Ich war überglücklich, und ich mußte es immer wieder bewundern und in die Hand nehmen. Aber, ich kann es bis heute nicht fassen: Mein Lämpchen wurde ein Opfer der praktischen Vernunft meines Vaters. Es wurde weiterverschenkt an irgendein Kind, das nun außer einem Nachttisch auch noch mein Nachttischlämpchen hatte. Ich hatte nämlich keinen

Nachttisch. Und ein Lämpchen – nur zum Ansehen? Naja, mir hätte das völlig genügt. Nur immer wieder in die Hand nehmen, nur immer wieder angucken! – Aber weg war's!

Der Konfirmationsmontag war schulfrei. Doch ich ging zur Probe unseres Schulchors. Das war mir wichtiger als ein freier Tag. Und das war 's dann! Schule und Alltag bestimmten wieder den Tagesablauf.

Schlußgedanken mit a bissele Heimweh nach damals

Wenn ich meinen Kindern und Enkeln von meinen Erlebnissen erzähle und schließlich bei der Konfirmation angelangt bin, kommt oft die Frage: »Und was war dann?«

Ja, was war dann? Dann war die Kindheit, diese unbeschwerte Zeit mit den kleinen Sorgen und Ängsten und den vielen kleinen Glückseligkeiten vorbei. Es folgte die Zeit des Erwachsenwerdens mit ihren größeren Sorgen und Ängsten. Es kam die Zeit des Verliebtseins und des Verlassenseins. Das Leben war bald auf ein bestimmtes Ziel ausgerichtet, und ich arbeitete mit aller Energie daran, es zu erreichen. Dann kam das Studium und danach das Loslösen von daheim, wo es meine so geliebte Mutter schon nicht mehr gab. Ich schaffte mir mein eigenes kleines und bescheidenes Zuhause und lebte ganz mit und für meine Musik.

Dann kam der Krieg. Auch in diesen schlimmen Jahren habe ich versucht, mich – wenn auch nur am kleinsten Glück – zu freuen, so wie ich

auch als Kind jedes kleinste Glück am Schopf gepackt habe.

Eigentlich hat für mich immer das gegolten, was ich später dann in manches Album geschrieben habe. Es war ein Spruch von Eichendorff:

Schläft ein Lied in allen Dingen,
Die da träumen fort und fort,
Und die Welt hebt an zu singen,
Triffst du nur das Zauberwort.